100점 맞는 초등수학 공부법

100점 맞는 초등수학 공부법

1판 1쇄 인쇄 2020년 1월 3일
1판 1쇄 발행 2020년 1월 13일

지은이 송재환 김충경 손정화
펴낸이 김현정
펴낸곳 도서출판 리수

등록 제4-389호(2000년 1월 13일)
주소 서울시 성동구 행당로 76 110호
전화 2299-3703
팩스 2282-3152
홈페이지 www. risu. co. kr
이메일 risubook@hanmail. net

ISBN 979-11-86274-53-8 03370

100점 맞는 초등수학 공부법

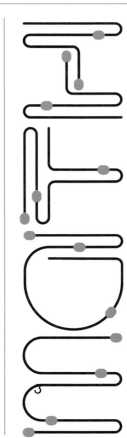

마가 알아야 할 초등수학 메커니즘

재환 김충경 손정화 지음

전체를 꿰뚫어야
맞춤형 전략이 나온다.

수

왜 수는 아름다운가?
이것은 베토벤 9번 교향곡이 왜 아름다운지를 묻는 것과 같다.
당신이 이유를 알 수 없다면, 남들도 말해 줄 수 없다.
나는 그저 수가 아름답다는 것을 안다.
수가 아름답지 않다면 아름다운 것은 세상에 없다.

폴 에르도스 Paul Erdos 1913~1996

오늘날 정보 통신 기술의 눈부신 발전은 세계 각국들로 하여금 글로벌 네트워크global network를 형성하면서 무한 경쟁의 시대를 살아가게 하고 있다. 한 국가나 민족이 살아 남느냐 도태되느냐의 절박한 상황 속에서 반드시 승리자가 되지 않으면 안 된다.

이렇게 극심한 국가 간의 생존 경쟁에서 승리하기 위하여 각 국가들은 교육에 온 힘을 기울이고 있다. 국가 간의 경쟁은 곧 과학 기술의 경쟁이며 과학 기술 경쟁에서의 승리는 교육 경쟁에 달려 있다는 것이 세계 각국의 공통된 인식이다. 이 과학 기술의 혁신을 뒷받침하는 기초 학문으로서의 교과가 바로 수학이다.

수학 교육의 목적은 수학적 사고력과 문제 해결력을 기르는 데 있으며 여기에서 길러진 사고력과 문제 해결력은 모든 교과의 성취도에 영향을 미칠 뿐 아니라 창의적 인간으로 키우는 데 결정적인 역할을 한다. 이렇게 주요한 기초 학문인 수학이 우리 나라에서는 그저 대학 입시의 중요한 한 과목일 뿐 입시만 끝나면 잊어 버리고 마는 천대받고 골치 아픈 과목으로 인식되고 있다.

세계 각국을 보라. 수학을 중히 여기고 있다. 수학 교육에 온 힘을

쏟는다. 우리도 초등학교에서부터 수학 교육을 제대로 하자. 본인이 초등 교직에 교사와 행정가로 44년 간 몸 담으면서 수학 교육과 관련하여 느낀 점이 있다면, 초등학교에서 수학에 대한 좋은 선입견을 형성한 아이들은 이후의 학창 생활 내지는 생활 속에서 수학을 좋아하고 사랑하는 사람이 된다는 것이다. 이런 아이들은 수학이 즐겁고 나아가 학교 생활도 즐겁게 한다는 것이다. 왜냐하면 수학 성적이 좋은 아이들은 대체로 다른 교과 성취도도 우수하기 때문이다. 하지만 초등학교에서 수학에 좋지 않은 선입견이 형성된 아이들은 수학을 제일 재미없고 딱딱한 교과로 인식하고 수학과 담을 쌓게 된다. 또한 다른 교과에도 악영향을 미쳐 학업 성취도가 전반적으로 낮아지게 되어 학교 생활이 즐겁지 않게 된다는 것이다.

이렇게 수학 공부는 타교과 성적과 성공적인 학교 생활 전반에 미치는 영향력이 매우 크기 때문에 특별히 초등학교 때부터 부모들이 관심을 가지고 지도해야 할 과목이라고 본다.

수학이 정말 중요하고 잘해야 한다는 것을 알고 잘하고 싶지만 현실은 그렇지 못하다. 실제로 초등학교에서 4학년 정도만 되어도 수학이 어려워서 포기하는 학생들이 속출하는 것이 현실이다. 이런 문제점을 극복하기 위해 학부모들은 학원이나 과외로 아이들을 내몬다. 하지만 이것은 근본적인 치유가 될 수 없다. 초등학교에서 가장 중요한 교사는 부모이기 때문에 부모가 수학에 대해 이해하고 자녀의 수학 교육에 접근하는 것이 필요하다. 부모가 자녀의 수학 문제점을 파악하고 그에 대한 처방이 학원이 될 수도 있고 학습지가 될 수도 있는 것이다. 이러기 위해서는 부모가 수학에 대해 전체적인 이해와 공부가 필요한 것이다. 이런 부모들을 위해 이 책은 상당한 도움을 줄 수 있을 것이다. 자녀가 수학을 어려워하거나 수학 성적이 좀 더 나아지기를 바라는 부모들에게 적극 추천해 볼 만한 책이라 믿어진다.

한 학년을 다년 간 지도한 노하우를 바탕으로 그 학년에서 꼭 알아야 할 개념과 내용들을 짚어 주어서 부모들에게 도움이 많이 될 것으로 여겨진다. 또한 초등 교사를 오랫동안 해 온 현직 교사들이 썼기 때문에 내용이 실제적이고 학부모들이 궁금해하고 어려워하는 내용들을 꼭꼭 짚어서 쉽게 소개하였다.

이 책에서 수학을 잘할 수 있는 방법들을 소개한 내용들은 핵심을 정확하게 짚어 줬다고 공감한다. 아무쪼록 이 책을 통하여 많은 학부모들이 수학에 대한 이해가 더 깊어져 자녀의 수학적 사고력을 기르는 데 큰 도움을 얻기를 기대하며 이 책을 적극 추천하는 바이다.

전 서울동산초등학교장
학교법인 서정학원 이사
이하민

"수학만 생각하면 너무 머리가 아프고 졸려."

"너의 수업 시간만 오면 40분이 꼭 하루 같아."

"수학아 넌 왜 있냐? 너 때매 돌아버려."

"수학 만든 사람이 누구냐?"

"배워도 배워도 생각해 내기가 어려워."

먼저 아이들이 말하는 수학에 대한 솔직한 고백을 몇 개 소개해 보았다. 위 고백들은 초등 고학년 아이들이 말하는 수학에 대한 심경들이다. 정도에 따라 차이는 있겠지만 많은 아이들이 수학에 대한 스트레스에 시달리고 있고 이는 곧 엄마의 고민으로 남는다.

왜 아이들은 수학을 싫어할까? 원인은 수학에 대한 과식 또는 영양 결핍 때문이라 할 수 있다. 영양 결핍이야 금방 이해가 되지만 많이 공부하는데 왜 수학을 싫어하게 되냐고 반문할 수도 있겠다. 그러나 과식의 단점은 매우 결정적이다. 수학을 아주 싫어하게 된다는 것! 그리고 오늘날 대부분의 아이들은 학원과 학습지, 문제집 등 과식에 시달리고 있다.

싫어하고서는 절대로 즐길 수 없고, 즐기지 않고서는 멀리 또 높이

14

갈 수 없다. 그렇기 때문에 수학이라면 물리게 만드는 과식만은 엄격히 경계해야 할 것이다.

수학 과식의 또 다른 단점은 비효율적이라는 것이다. 딱 필요한 핵심만 완벽하게 소화해낸다면 전혀 문제 될 것이 없는데, 괜히 시간적으로나 정신적으로 과하게 투여할 필요가 없다는 말이다. 딱 필요한 만큼만! 적절한 흡수! 이것이 초등학생에게 필요한 방법이고, 수학을 좋아하게 만드는 핵심임을 잊지 말자.

아기들이 뛰기 전에 먼저 걷는 연습을 충분히 하듯 1학년 때에는 2학년 수학을 배우기 위한 기초를 충분히 마스터해야 한다. 이 말은 역으로 엉금엉금 기던 아이에게 걷기도 전에 뛰기를 바라서는 안 된다는 말이기도 하다. 1학년 수학을 마스터하지 않고서는 2학년, 3학년… 수학을 따라갈 수 없다. 참으로 당연한 이야기 같지만 실제 학교에서 아이들의 모습을 지켜보노라면 비상식적으로 진행되고 있는 경우가 허다하다.

넘쳐나게 해 두어야 안심되는 것은 부모의 심리적인 만족에 지나지 않음을 곱씹어 봐야 할 것이다. 초등학교 시절 실시되는 수많은 경시대회, 수준 높은 문제 속에서 두각을 나타내는 아이를 바라보는 것은 참으로 흐뭇한 일이 아닐 수 없다. 하지만 스스로 즐겨 하는 아이가 아니라면 중학교만 되면 싹 사라지는 경시 대회라는 것에 나의 아이를 내모는 것이 과연 어떤 의미가 있는지 다시 생각해 볼 문제이다.

물론 과식뿐 아니라 영양 결핍이 되도록 방치해서도 안 될 것이다. 내 아이의 영양 상태에 엄마가 관여하듯이 수학 공부도 엄마의 손길이 절실하다. 아이의 밥상에 영양소를 골고루 올라가도록 생각하고 조리하듯이 수학 공부에도 학년마다 꼭 채우고 가야 할 수학 체력을 만들어 주어야 한다. 그러기 위한 구체적인 방법은 의외로 간단하다. 꼭 이해하고 넘어가야 할 핵심을 우리 아이가 터득했는지 못 했는지를 체크하는 것! 체크 결과에 따라 무엇을 해야 하는지 처방이 나오기 마련이다.

아이의 성격, 체력, 생활 환경, 관심 분야 등등 아이마다 여건이 다르기 때문에 처방도 달라야 마땅하다. 그렇기 때문에 학교 수업에만 의존해서도 안 되고, 학원에만 내맡겨서도 안 된다. 바로 엄마만이 이 일을 해낼 수 있다는 것을 명심하자.

수학의 수자만 들어도 눈앞이 캄캄해지는 엄마. 그렇다고 해서 지레 겁먹고 손 놓을 일은 아니다. 엄마가 수학 박사여야만이 수학을 지도할 수 있는 것은 아니기 때문이다. 실제로 엄마의 역할로 수학을 못하던 아이가 수학을 굉장히 잘하는 아이로 바뀌는 것을 종종 목격하곤 한다.

예를 들어 필자가 2학년 수학을 지도하면서 가장 주안점을 두었던 것 중 하나가 연산 훈련이었다. 빠른 시간에 정확하게 덧뺄셈을 하는 능력은 2학년 아이들에게 꼭 필요한 능력이며 이 훈련이 잘 되어 있는 아이들은 대체로 수학을 좋아하고 잘했기 때문에 학부모들에게도 매우 강조하곤 했다. 그런데 이 훈련 과정에서 절대적으로 필요한 것이 가정의 도움이다. 학교에서만 훈련하기에는 시간이 너무 부족하고 개별 지도가 어렵기 때문이다. 이때 가정에서 매일 5분 정도씩 꾸준히 훈련시킨 아이들의 연산 속도는 눈에 띄게 향상된다는 사실이다. 연산 속도의 향상은 자연스럽게 수학 점수의 향상으로 이어진다. 그러면서 수학에 흥미가 없고 자신감이 없었던 아이들도 자신감을 회복하고 실력이 나아지는 사례를 종종 볼 수 있었다. 이 과정에서 자녀의 수학 실력을 높여 준 일등 공신은 누가 뭐래도 꾸준히 아이를 위해 하루에 5분을 할애해서 기록을 재 주고 채점을 해 준 엄마일 것이다.

이처럼 매일매일 수학을 관리해 주는 것. 이것은 학교도 학원도 대신해 줄 수 없는 엄마의 영역임에 틀림없다. 엄마의 몫은 가르치는 것이 아니다. 엄마는 끌어 주고 밀어 주는 수학 멘토가 되는 것이다.

그렇다면 과연 어떻게 해야 한다는 말인가? 막연하게 느껴질 것이다. 하지만 방법은 의외로 간단하다. 아이에 대한 관심은 그 누구보다 많으니 됐고, 우선 내 아이의 수준을 파악해야 한다. 그리고 이를 위해서는 학년별 교과 과정에 대한 정확한 이해가 첫 번째 순서이다. 본문에서 소개되는 6년 동안의 수학을 살펴보면 왜 엄마의 힘이 필요한지 깨닫게 될 것이다. '수학 천재로 착각하게 만드는 1학년 수학'에서부터 '징글징글한 5학년 수학'과 '너만 없으면 살겠다는 6학년 수학'에 이르기까지…, 고학년에 이르면 대부분의 아이들이 수학 교과에 대해 버거워한다. 하지만 적절한 지도만 이루어지면 '수학아 사랑해' 하고 말하는 아이로 만들 수 있다. 수학에 대한 자신감을 갖고 중학교 수학을 만나게 되는 아이와 수학 포기 상태인 아이의 이후 학습력은 분명 차이가 클 것이다.

초등학교에서 배우는 수학은 5개 영역이 전부이다. 고작(?) 5개 영역만을 꿰고 있다면 문제 될 것이 없는 것이다. 5개 영역이란 수와 연산, 도형, 측정, 규칙성, 자료와 가능성이다. 이중에서 수와 연산, 도형, 측정 영역은 철저하게 나선형 교육 과정을 밟아나가기 때문에 기초 공사가 튼실해야 함은 두말할 것이 없다. 제때제때 충실히 해 놓지 않으면 다음 단계에 진입할 수가 없으니 수시로 체크해야 한다.

아이들을 지도하다 보면 어른들은 뻔히 아는 상식 같은 문제도 잘 이해하지 못하는 경우가 많다. 이는 경험이 부족하기 때문이다. 그렇기 때문에 가정에서 구체물을 통해 이해할 수 있는 기회를 만들어 주어야 한다. 초등 학년은 모두 구체적 조작기이다. 그러므로 머리로만 하는 수학은 절대 금물이다. 바둑돌이나 수모형으로 사칙연산에 대한 기본 개념을 확실히 하고, 장을 볼 때도 직접 계산해 보게 하거나 단위도 따져 보는 등 시시때때로 수학적 이해를 돕는 상황을 활용해야 한다. 각도 재기나 도형 등은 수없이 그려 봐야 함은 물론이다. 무엇이든 충분히 이해하고 넘어 가야 한다는 말이다.

그리고 무엇보다 중요한 것은 독서이다. 서술형 문제를 풀 때뿐만 아니라 문제의 핵심과 의도를 파악하려면 독서가 필수적이다. 알다시피 독서의 능력이란 하루 아침에 쌓아지는 것이 아니므로 1학년부터 꾸준한 지도가 필요하다.

사실 초등수학에서 엄마가 해 줄 수 있는 것은 내 아이를 사랑하는 맘만 있다면 특별히 어려울 것도 없다. 두 가지만 기억하자. 수학 교육에 엄마가 꼭 필요하다는 것! 그리고 평범한 엄마라도 누구나 할 수 있다는 것!

이 책은 자녀들의 수학 지도에 대한 고민을 조금이라도 같이 나누고자 출간하게 되었다. 특별히 필자들이 초등학교 교사들이기 때문에 초등학생 자녀를 둔 학부모들이 읽으면 도움이 될 만한 내용들로 구성하였다.

'1부 100점 맞는 초등수학 메커니즘'에서는 실제적인 내용에 들어가기 앞서 수학의 전체적인 그림을 잡는 차원에서 수학이란 무엇이고 수학을 왜 배워야 하는지와 무슨 내용을 배우는지에 대해 소개하였다.

2부와 3부에서는 부모님들이 수학에 대해 궁금해하고 풍문에 휩쓸리기 쉬운 부분들을 영역들로 정리했다. 아마 읽으면서 자녀의 수학에 대한 입장을 하나씩 정리해 갈 수 있으리라 생각된다.

수학에 있어서 개념 이해는 필수다. 4부에서는 이러한 중요한 개념을 학년별로 발췌하여 재미있고 쉽게 읽을 수 있도록 구성하여서 읽으면 수학적 배경 지식이 풍부해지도록 구성하였다.

마지막 5부에서는 초등수학의 학년별 내용을 6개 영역으로 나누고 교과서 단원별로 나누어서 부모님이 꼭 알아야 할 핵심 내용과 지도 방법 그리고 다양한 예시 문제를 소개하였다. 이 장을 읽으면 초등수학에 대한 내용적인 측면에서 체계가 많이 잡히리라 생각된다.

"세상 모든 사람들에게 골고루 하느님을 보낼 수 없어서 어머니를 보냈다"라는 옛 이야기가 있다. 지혜와 여유로움을 지닌 현명한 엄마를 둔 아이는 이미 좋은 인생을 시작했고, 행복하고 성공한 인생을 살아 갈 수 있는 기반을 가진 셈이라고 할 수 있다. 아무쪼록 이 책이 자녀의 수학 실력을 향상시키는 지침을 한 가지라도 찾아 주는 책이 되길 바란다. 그래서 정말 근심을 안겨주던 자녀의 愁學수학이 빼어난 秀學수학으로 변하기만을 바란다.

마지막으로 이 책이 출간되기까지 옆에서 도와준 동료 교사들에게 감사를 표하며 좋은 지혜와 힘을 주신 하느님께 감사를 드린다. 또한 이 책을 읽는 모든 사람들에게 하느님의 지혜가 넘치길 기도한다.

송재환, 김충경, 손정화

1·2학년 어린이들의 수학에 대한 말, 말, 말

수학아 안녕? 너의 몸 중 곱하기, 구구단, 빼기 문제는 너무 어렵더라.
수학아 계산을 하게 해줘서 고마워~ 손은채

수학아 안녕? 나는 현성이야. 너는 날 괴롭혀서 나는 너를 싫어해!!
그럼 안녕~ 박현성

1학년 경시대회? 좋아 좋아. 2학년 단원평가? 싫어 싫어!! 수학아 너는 정말 이상하다.
너는 왜 수학경시대회 때는 나를 1등 시켜주더니 단원평가때는 왜 망신 점수를 줬니? 신현주

수학아 잘 지냈니 ? 너는 나의 친구야!
내가 너랑 친해지고 싶은데 자주 친하게 지내지 못해서 미안~~ 김한수

수학아! 너 있잖아~ 빨리 푸는 요령은 몇 개야? 1개? 2개? 궁금해~~
나도 열심히 공부해서 수학왕이 되겠어!! 전다인

안녕~! 난 경태진이라고 해~ 난 수학이 좋은데, 가정학습지 43점을 맞았어~
그래서 너 좀 쉬면 안 되겠니? 경태진

나는 수학이 없어졌으면 좋겠어. 어제 점수가 낮아서 엄마한테 몽둥이로 맞았어.
너무너무 어려워~~~ 김서현

안녕! 나는 나연이야. 나는 더하기는 좋고, 빼기는 싫어!! 박나연

수학아, 너는 재미있긴한데 나는 왜? 너한테 끌리니? 난 그게 궁금해.
그리고 넌 어떻게 태어났니? 넌 누가 만들었니? 난 그게 세상에서 제일 궁금해~~ 이정윤

너가 있으니깐 참 편하다. 니가 있으면 무슨 일이 있는 줄 알수 있잖아. 윤서빈

수학아 고마워 나한테 도움을 주고 아이큐를 업 시켜줘서 고마워~ 조영우

(※아이들 이름은 가명입니다)

1부

100점 맞는
초등수학
메커니즘

수학을 왜 배워야 하는가

자녀에게 수학을 가르치면서도 수학을 통해 도달해야 할 궁극적인 목적점이 어디인지를 모르는 경우가 많다. 그렇기 때문에 자녀를 가르치는 과정에서 작은 것은 얻고 큰 것을 잃는 경우가 많다. 예를 들어 어떤 부모가 수학 공부를 엄청 시켜서 수학 점수는 당장 조금 올렸는데 아이가 수학이라면 치를 떨게 만들었다면 과연 바람직하다고 말할 수 있을까? 아마 아닐 것이다. 현 교육 과정에서 말하는 수학과의 성격이나 목표를 잘 살펴 보면 아이에게 어떻게 수학을 가르쳐야 할지 다시 한 번 생각하게 될 것이다. 교육부에서 말하는 수학 교과의 성격은 다음과 같이 명시하고 있다.

수학과는 수학의 개념, 원리, 법칙을 이해하고,
사물의 현상을 수학적으로 관찰하여 해석하는 능력을 기르며,
실생활의 여러 가지 문제를 논리적으로 사고하고
합리적으로 해결하는 능력과 태도를 기르는 교과이다.

위와 같이 수학과의 성격을 명시하고 수학의 목표를 다음과 같이 제시하고 있다.

수학의 개념, 원리, 법칙을 이해하고 기능을 습득하며,

수학적으로 추론하고 의사소통 하는 능력을 길러,

생활 주변과 사회 및 자연 현상을 수학적으로 이해하고 문제를 합리적이고 창의적으로 해결하여

수학 학습자로서 바람직한 태도와 실천 능력을 기른다.

언뜻 이해가 되지 않을 수도 있지만 자세히 뜯어보면 그렇게 어렵지 않다. 궁극적으로는 실생활에서의 여러 가지 문제를 합리적으로 해결할 수 있는 능력을 키우는 것이 목적이다. 예를 들어 설명해 보겠다. 다음과 같은 문제를 푼다고 해 보자.

문제) 나의 나이는 10살이다. 아버지는 나보다 31살 많다. 내가
　　　20살이 된다면 아버지의 나이는 몇 살이 되며 나와의 나이
　　　차이는 몇 살이겠는가?

위 문제는 2~3학년 정도에서 충분히 나올 수 있는 문제이다. 왜 이런 문제들이 시험에서 자꾸 출제되는지는 다음과 같은 이유들이 숨어 있기 때문이다.

　① 나의 나이와 아빠 나이의 차를 알아야 한다.(뺄셈의 기본 지식과 기능)

　② 내 나이가 20살이 된다는 것은 10년이 흐른다는 것이다. 그러

26

면 아버지도 10살이 많아질 것이다. 아빠의 나이는 51살이 될 것이다.(덧셈의 기본 지식과 기능)

③ 나하고 아빠는 1년에 똑같이 한 살씩 나이가 드니까 10년 후에도 나이 차이는 31살이 될 것이다.(수학의 함수적 사고 방식)

간단한 문제 같지만 수학과의 목표에 비추어 보았을 때 여러 가지 의미가 숨겨져 있다. 하지만 현실적으로 우리가 처한 문제는 이러한 문제를 대할 때 아버지의 나이는 51살이고 차이는 31살이라는 정답에만 관심이 쏠려 있다. 그래서 정답이 맞았으면 수학을 잘하는 것이고 정답이 틀렸으면 수학을 못하는 것이다. 하지만 수학과의 목표에서는 좀더 고차원적인 목표를 원하고 있다. 즉 위와 같은 수학 문제를 자꾸 연습하는 목적은 점수를 잘 받기 위한 것이 아니라 실생활에서의 여러 가지 문제를 수학적으로(합리적으로) 해결할 수 있는 능력과 태도를 기르기 위한 것이라고 말하고 있다.

만약 어떤 아이가 위 문제는 맞췄으나 수학적으로 사고할 줄 모르는 사람이 된다면 이 아이는 수학과에서 추구하는 기본적인 지식과 기능은 습득하고 도달하였으나 여러 가지 문제를 수학적으로 사고하고 문제를 해결해야 한다는 궁극적인 목표에는 도달하지 못한 결과가 된다.

너무 점수에 연연하게 되면 기본적인 지식과 기능을 습득하는 단계에만 머무르기 쉽다. 이것을 수학적으로 사고하는 영역까지 확장

시켜주지 못하면 결국은 수학을 배우는 보람은 없고 수학을 배우느라 엄청나게 고생만 하다가 끝나는 꼴이 되고 말 것이다.

수학을 왜 배워야 하는지에 대한 분명한 목표 정도는 알고 자녀에게 수학을 가르쳐야 할 것이다. 수학을 배우는 목적은 단지 좋은 점수를 받기 위한 것이 아니라 수학의 기본적인 개념, 원리, 법칙 이해 정도 등을 바탕으로 현실에서의 여러 가지 문제를 합리적이고 수학적으로 해결하려는 능력과 태도를 기르기 위한 교과임을 명심해야 한다.

수학은 합리적으로 논리적으로 사고하는 능력을 기르는 과목이므로 어찌 보면 모든 학습의 기초라 해도 과언이 아니다. 그리고 자신의 의견과 생각에 대한 표현이 중시되는 오늘날 수학적인 사고력은 효율적인 도구가 될 것이며, 논리적인 사고력이란 논술의 기본이기도 하다. 수학은 고대 그리스부터 철학의 한 부분으로 발생되었다. 이는 수학이 단순히 숫자의 영역이 아님을 말해 주는 것이다.

나선형 교육 과정 모르면 수학을 알 수 없다

나선형 교육 과정이란

수학 교육 과정을 일러 흔히 나선형 교육 과정이라고 한다. 나선형 교육 과정에 대해 너무 깊게 알 필요까지는 없지만 간략하게라도 이해한다면 수학 교과의 특성과 지도 요령 파악에 도움이 될 것이다.

나선형 교육 과정은 브루너라는 학자가 피아제의 발달 단계 이론에 근거하여 주장한 것인데 학문형 교육 과정의 조직 형태이다. 즉, 달팽이의 집이 위로 갈수록 점점 커지고 넓어지듯이 교육 내용을 교과의 기본 구조로 다루면서 시간의 흐름에 따라 점점 폭넓고 깊이 있게 조직해가는 교육 과정이라고 말할 수 있다. 처음에는 쉬운 것을 제시하고 단계적으로 계속하여 보다 높은 수준의 내용을 가르치는 것이다.

이 나선형 교육 과정은 물론 수학에만 해당하는 건 아니다. 무슨 과목이든지 이 원리가 적용된다. 하지만 모든 교과 중에서 이 나선형 이론에 딱 맞게 전개되는 과목은 수학을 따라올 교과가 없다. 때문에 수학 교과서를 들여다볼 때 이 나선형 교육 과정의 개념을 가지고 들여다보면 좀더 높은 곳에서 수학이라는 숲을 바라볼 수 있는 사람이 되는 것이다.

　나선형 교육 과정의 핵심에는 계속성과 계열성(계통성)이 있다. 계속성이란 쉬운 말로 반복성이다. 어떤 개념을 여러 차례에 걸쳐 반복적으로 배운다는 것이다. 예를 들어 덧셈을 배우는 데 있어서 한 학년에서만 배우지 않는다. 1학년 때부터 시작해서 3학년 때까지 줄기차게 배운다. 덧셈하는 원리는 십진법의 원리만 알면 금방 알 수 있다. 덧셈을 계속해서 배우는 이유는 이 계속성과 관련이 깊다. 아동의 발달 단계에 맞게 1학년은 한 자리 수의 덧셈, 2학년은 두 자리 수의 덧셈과 같은 식으로 진행하면서 덧셈의 개념에 대해 반복해서 배우는 것이다. 이를 통하여 얻고자 하는 것은 당연히 덧셈 개념에 대한 완벽한 이해이다.

　계속성과 더불어 나선형 교육 과정의 핵심축이 바로 계열성이다. 계열성은 개념을 반복해서 배우는 과정에서 그 내용이 점차 깊어지고 넓어지는 것을 말한다. 덧셈의 원리는 1학년부터 3학년까지 계속 반복해서 배우지만 배우는 내용이 깊어진다는 데 있다. 1학년은 한 자리 수, 2학년 1학기에는 두 자리 수, 3학년 1학기에는 세 자리 수 덧셈과 뺄셈을 배우는 것이다. 계열성과 계속성은 떼려야 뗄 수 없는 관계라고 말할 수 있다. 이러한 수학 교육 과정의 특징 때문에 수학을 체인chain 과목이라고 부른다. 체인은 연결된 고리가 하나라도 끊어지면 제 기능을 하지 못한다. 그 끊어진 부분을 연결해 주어야만 제 기능을 할 수 있다. 예를 들어 수학에서 덧셈을 하지 못하는 아이는 곱셈을 할 수가 없다. 곱셈 개념을 이해하지 못하는 아이는 대부분 덧셈을 제대로 이해하지 못했거나 숙달되지 못했기 때문이다. 곱셈에서 체인이 끊긴 아동은 앞의 고리인 덧셈부터 보수 공사를 해서 곱셈 체인을 연결해 주어야 그 뒤에 이어지는 개념들을 공부할 수 있다. 곱셈을 모른다면 나눗셈은 더욱더 할 수 없는 것이다. 이런 이유 때문에 수학을 체인 과목이라고 부른다. 이 또한 계속성과 계열성과 관련이 깊기 때문이다.

나선형 이론으로 수학 교육 과정 들여다보기

수학은 5개 영역이 있다. 즉 수와 연산, 도형, 측정, 자료와 가능성, 규칙성이다. 이 5가지 영역 중에서도 수와 연산, 도형, 측정 영역은 철저하게 나선형 교육 과정으로 이루어져 있다. 이것을 알고 나면 수학 교과서를 보는 눈이 한층 더 깊어지고 넓어질 수 있다.

수와 연산 영역

다음 표에서 보면 알 수 있듯이 초등학교 과정에서 배우는 수는 자연수, 분수, 소수이다. 자연수를 배우고 자연수의 사칙연산을 하고 분수와 소수를 배우고 이 수들에 대하여 사칙연산을 마치면 초등학교 수와 연산 영역은 끝나게 된다.

단계		수	연산
1학년	1학기	• 50까지의 수	• 간단한 수의 덧셈과 뺄셈
	2학기	• 100까지의 수	• 한 자리 수의 덧셈과 뺄셈 • 두 자리 수의 덧셈과 뺄셈 (받아올림, 받아내림 없음)
2학년	1학기	• 1000까지의 수	• 두 자릿수의 덧셈과 뺄셈
	2학기	• 분수의 이해	• 세 자릿수의 덧셈과 뺄셈 • 곱셈 구구
3학년	1학기	• 10000까지의 수 • 분수의 이해	• 두 자릿수의 덧셈과 뺄셈 • 세 자릿수의 덧셈과 뺄셈 • 네 자릿수의 덧셈과 뺄셈 • 나눗셈의 도입
	2학기	• 단위분수와 진분수	• 세 자릿수의 곱셈과 나눗셈
4학년	1학기	• 다섯 자리 이상의 큰 수 • 여러 가지 분수(가분수, 대분수)	
	2학기	• 비와 몫으로서 분수	• 소수의 덧셈과 뺄셈
5학년	1학기	• 약수와 배수 • 자연수의 사칙혼합계산	• 분수의 덧셈과 뺄셈 • 분모가 서로 다른 분수의 덧셈과 뺄셈 (약분과 통분)
	2학기	• 분수, 소수	• 소수와 분수 크기 비교 • 소수의 곱셈
6학년	1학기		• 분수와 소수의 나눗셈
	2학기		

자연수는 1학년부터 4학년까지 배우며 작은 수에서부터 큰 수(조 단위)까지 단계적으로 배운다. 4학년 최고 단계 자연수의 사칙연산 은 다음과 같은 것이다.

문제) 다음을 계산하시오. (4학년)

$10-\{12-(3\times7-3)\div2\}\times2 =$

분수는 2학년 때, 소수는 3학년 때부터 개념을 배우기 시작해서 개념 이해는 4학년으로 끝난다. 5학년과 6학년 때는 배운 개념을 바탕으로 사칙연산을 할 뿐 새로운 수 개념은 등장하지 않는다. 4학년까지 초등학교에서 배우는 자연수, 분수, 소수 개념은 모두 배우게 된다. 6학년 최고 단계 분수와 소수의 사칙연산은 다음과 같다.

문제) 다음을 계산하시오. (6학년)

$1.5-\{0.2-(\frac{1}{3}\times2.7-0.7)\div2\}\times\frac{1}{5} =$

위 6학년 문제를 자세히 들여다보면 4학년 자연수의 혼합 계산 문제와 유형이 똑같다. 수만 자연수에서 소수와 분수로 바뀌었을 뿐 똑같은 원리를 적용해서 푸는 것이다. 바로 이것이 수학의 계열성과 계속성인 것이다.

도형 영역과 측정 영역

도형과 측정 영역은 분리되어 있지만 서로 밀접한 관련이 있기 때문에 같은 표에 놓고 비교하는 것이 이해하기 쉽다. 이 관계에서도 철저하게 수학의 계열성과 계속성을 볼 수 있다. 세세한 내용은 빼고 굵직한 부분만 빼서 비교해 보기로 한다.

이 표에서 살펴보면 도형과 측정 영역이 서로 유기적으로 연결되었다는 것을 볼 수 있다. 예를 들어 삼각형은 1학년 때 세모 모양(일

단계		도형	측정
1학년	1학기	• 여러 가지 물건 관찰하여 입체 도형 감각 익히기	• '길다, 짧다' '높다, 낮다' '무겁다, 가볍다' 등의 말로 양 비교하기
	2학기	• 여러 가지 물건 관찰하여 평면 도형 감각 익히기	• 시각 읽기(~시, ~시 30분)
2학년	1학기	• 삼각형 사각형 그리기	• 길이(cm)
	2학기	• 쌓기나무로 입체 도형 만들기	• 시각(~시, ~분) • 길이(m)
3학년	1학기	• 각, 각도 • 선분, 직선, 반직선 • 직각 삼각형, 직사각형, 정사각형의 이해	• 길이(mm, km) • 시각 읽기(~시 ~분 ~초) • 시간의 덧셈과 뺄셈(초 단위까지)
	2학기	• 원의 구성 요소 알고 그리기	• 들이 개념 도입 • 무게 개념 도입
4학년	1학기	• 예각, 둔각의 이해 • 삼각형, 사각형 내각의 합 구하기 • 평면도형의 밀기, 뒤집기, 돌리기	• 각도의 단위 1도 알고, 각 재기
	2학기	• 간단한 다각형과 정다각형 • 수직과 평행의 관계 • 다양한 삼각형의 이해	• 평면 도형 둘레길이 알기 • 넓이 개념 이해
5학년	1학기		• 직사각형, 정사각형, 평행사변형, 삼각형의 넓이 구하기 • 사다리꼴, 마름모의 넓이 구하기
	2학기	• 합동과 대칭 개념 • 직육면체와 정육면체의 성질	• 평균과 가능성
6학년	1학기	• 각기둥과 각뿔	• 직육면체 겉넓이와 부피
	2학기	• 원기둥과 원뿔, 구 • 쌓기나무	• 원주율과 원의 넓이

상 용어)으로 배우다가 2학년 때 삼각형이라는 수학적인 용어로 바꿔서 배운다. 이 때 삼각형에는 변과 꼭지점이 있다는 것도 배운다. 변의 길이를 잴 필요성이 있다 보니 2학년 때 길이 재기의 단위인 ㎝ 와 m도 배우게 되는 것이다. 3학년과 4학년에서는 삼각형의 개념에 더해서 삼각형의 종류인 직각 삼각형, 정삼각형, 이등변 삼각형 등을 배운다. 이런 삼각형의 지식을 바탕으로 5학년에서는 삼각형의 넓이까지 배우는 것이다. 매우 체계 있게 나선형으로 개념을 단계 지은 것을 볼 수 있다. 이것이 수학의 계열성이다.

도형은 크게 평면 도형과 입체 도형으로 나눌 수 있는데, 평면 도형은 4학년까지 배우고 5학년과 6학년은 주로 입체 도형에 대해 배우게된다. 도형은 먼저 구체적인 조작을 통해 개념을 배우고 나서 도형의 종류와 넓이나 부피를 구하는 단계를 거치고 그 내용을 마친다.

이와 같은 나선형 교육 과정에 대한 전반적인 이해가 있다면 교과서를 대하는 눈이 달라진다. 또한 자녀를 교육하는 데 있어서 체계있게 지도할 수 있게 된다. 어떤 단계를 자녀가 잘 모를 때 그 이전 단계 개념을 도입하여 좀더 효과적으로 가르칠 수 있는 것이다. 아는 만큼만 보이고 가르칠 수 있는 것이다.

수학의 5개 영역 중 철저하게 나선형 교육 과정으로 진행되는 수와 연산 영역, 도형 영역, 측정 영역을 살펴 보았다. 1학년부터 6학년까지 단계적으로 심화되는 영역인 만큼 학년별로 꼼꼼하게 기초를 다지고 응용해 나갈 수 있도록 지도해야 함을 잊지 말아야 할 것이다.

선생님 · 부모님도 잘 모르는 수학의 주요 개념

한번은 학부모 강연이 끝나고 어떤 어머니가 "선생님! 비와 비율이 어떻게 다른 거예요? 도대체 구분이 안 가요."라고 물으셨다. 본인도 헛갈리니 아이는 말할 것도 없다면서 도움을 청하는 것이었다.

이런 비슷한 일이 초등학교 현장에도 비일비재하게 일어난다. 예를 들어 6학년 어린이들은 원주율이 무엇이냐고 물으면 3.14라고 대답한다. 물론 이것은 옳은 답이 아니다. 3.14는 원주율 값이지 원주율의 의미를 묻는 것에 대한 대답은 될 수 없다. 원주율은 지름에 대한 원의 둘레의 비율이라고 대답해야 한다.

어른이나 어린이들이나 이런 현상이 등장하는 것은 기본 개념에 대해 배우지 못했거나 소홀히 한 결과이다. 건물이 기초가 튼튼하지 못하면 무너지듯이 수학에서 가장 중요한 기초 개념을 소홀히 하면 학년이 올라갈수록 수학 경쟁력이 약해질 수밖에 없다. 따라서 각 학년에 등장하는 수학 개념은 확실히 알고 지나가야 한다.

하지만 현실적으로는 그렇지 못한 경우가 많다. 왜냐하면 기초 개념을 몰라도 문제 풀이 하는 데는 별 어려움이 없기 때문이다. 예를 들면 고학년 아이들에게 대분수가 무엇이냐고 물으면 "큰 분수"라고 대답한다. 정말 웃음이 나오는 대답이다. 하지만 이렇게 알고 있는 학생이라 할지라도 수학 문제를 푸는 데는 별 문제가 없다. 왜냐하면 수학 문제에서 대분수가 무엇이냐를 묻는 문제는 거의 없고 대분수의 사칙연산 문제가 대부분이기 때문이다. 하지만 대분수의 개념을 '자연수와 진분수로 이루어진 분수'라고 정확히 알고 있는 학생과 오개념을 알고 있거나 개념을 전혀 모르는 학생과는 수학적 이해의 수준이 다를 수밖에 없고 경쟁력에서 비교가 되지 않는다. 또한 고등 수학으로 갈수록 이 기본 개념이 더욱 중요해지는 것은 말할 나위가 없다.

이러한 중요 개념은 응당 학교나 학원 등에서 가르쳐야 한다. 하지만 경우에 따라서는 기본 개념을 소홀히 가르치는 현실을 부인할 수 없기 때문에 이에 대한 대비책으로 학부모가 수학 기본 개념에 대한 정확한 인식과 지식이 있어야 한다. 그래야만 자녀를 수학적으로 바르게 가르칠 수 있는 것이다.

그런데 문제는 앞에서 언급한 어머니의 예처럼 부모 자신도 수학 기본 개념에 대해 정확히 모르기 때문에 잘 가르쳐 줄 수 없다는 것이다. 이러한 문제점을 극복하기 위해 4부에 초등학교 각 학년별로 부모가 꼭 알아야 되는 기본 개념을 쉽게, 또 때로는 깊게 소개하였다. 아마 읽어가면서 새롭게 알게 되는 수학 개념들도 많이 등장하리라 생각된다.

연산 우습게 보면 큰 코 다친다

연산은 누가 뭐래도 꽉 잡아야 한다

서점가에서 베스트셀러 반열에 들었던 책 중에 『기적의 계산법』이라는 책이 있다. 이 책은 일본의 가게야마 히데오라는 교사가 시골 초등학교에서 아이들을 대상으로 계산 훈련을 시켜서 명문대에 많이 진학시켰는데, 그 훈련법을 소개한 책이다. 책 내용은 생각보다 간단하다. 수학의 사칙연산(+-×÷)을 단계별, 학년별로 분류하여 반복 훈련을 하는 것이다. 예를 들면 3학년 단계에는 (두 자리 수÷한 자리 수) 문제를 풀고 그것을 반복하면서 그 속도를 줄여 가는 것이다. 저학년은 오른쪽과 같은 덧뺄셈 100칸 계산 연습을 반복하는 원리이다.

언뜻 생각하기에 이런 단순 반복 계산이 수학 실력 향상에 도움을 줄 수 있을까 의문을 갖게 한다. 하지만 가게야마 선생님은 이것으로 효과를 톡톡히 보았다고 했으며 그의 명성이 바다 건너 우리나라까지 와서 우리나라의 특수한 교육열과 부합하여 서점가에서 베스트셀러 자리를 차지한 적이 있고 지금도 맹위를 떨치고 있다.

이런 기본 연산에 대한 유행을 어떻게 바라보아야 하는가? 교사 입장에서 보면 매우 환영할 만한 일이다. 왜냐하면 가게야마 선생님의 주장대로라면 이런 기본 연산 훈련을 통해 충분히 수학 실력 향상을 도모할 수 있기 때문이다.

우리나라는 이런 기초 연산의 반복 훈련이 70년대와 80년대 주산과 더불어 유행하다가 90년대 이후부터 퇴조하였다. 이유는 교육 과정 개편과 더불어 수학 교육에서 문제 해결력을 중시하다 보니 기존의 단순 계산 반복 훈련을 중시하지 않게 된 것이다. 과정이나 기초 개념이 중요하지 단순 계산 반복 훈련은 시대에 뒤떨어진 학습법 정도로 치부되고 있는 것이 현실이다.

하지만 이런 기본 연산 훈련 경시 풍조는 경계해야 한다. 학교 현장에서도 보면 아이들이 계산하는 것을 싫어하는 모습을 흔하게 볼

+	3	9	5	1	2	7	6	8	0	4
4										
5										
1										
8										
3										
9										
0										
2										
7										
6										

수 있다. 계산 문제가 나오면 아이들 입에서 흔하게 나오는 소리가 "계산기로 하면 안 되나요?"이다. 아이들도 단순 계산이 귀찮기도 하고 의미가 없다고 여기는 것이다. 하지만 필자들이 연구한 바에 따르면 연산 실력은 수학 실력과 매우 밀접한 관계가 있는 것으로 나타났다.

앞에서 소개한 100칸 계산지를 가지고 학생들을 대상으로 계산 속도와 정확도를 측정하고 수학 실력과의 상관도를 조사해 보았다. 수학 경시 등에서 우수한 성적을 내는 아이들(상위 30%)의 80% 이상이 계산 속도가 평균보다 빠른 것으로 나타났다. 나머지 20%만이 계산 속도가 평균보다 낮았다. 이러한 결과를 바탕으로 분석해 볼 때 계산을 정확하고 빠르게 잘하는 아이들일수록 수학을 잘한다라는 결론도 무리는 아닐 듯싶다. 이렇게 수학 실력과 상관 관계가 매우 높은 기본 연산은 훈련을 매일 조금씩만 반복하다 보면 금세 향상시킬 수 있다.

기본 연산 훈련이 왜 중요한가

수학에서 기본 연산 훈련은 다음과 같은 이점이 있기 때문에 중요하게 다루어야 한다. 네 가지 정도를 소개해 보고자 한다.

첫째, 수학에 대한 자신감을 가질 수 있다.

연산이 남보다 빠르고 정확하면 수학 시간에 띌 수 있다. 선생님이 문제를 풀어 가는 도중에 연산 부분에서 선생님이나 친구들보다 더 빨리 대답할 수 있기 때문이다. 이러다 보면 선생님한테 칭찬을 한 번이라도 더 받을 수 있고 수학 시간에 더욱 집중하게 된다. 저학년 일수록 연산이 빠르고 정확할수록 자신감을 더욱 갖게 되고 수학 점수도 높다. 저학년에서 형성되는 수학에 대한 자신감이 고학년과 중고등학교까지 이어진다는 것을 생각해야 한다.

둘째, 수학 시험을 볼 때 시간을 여유롭게 쓸 수 있다.

저학년에서는 그렇지 않지만 고학년으로 가면 갈수록 학생들은 수학 시험 시간에 시간이 부족하다고 아우성이다. 이런 현상은 저학년에서는 단순 계산 문제가 많은 반면 고학년으로 갈수록 계산도 복잡해지고 높은 이해력을 요하기 때문이다.

문제1) $1347 + 2358 = \Box$

문제2) $2\frac{3}{5} + (1\frac{2}{3} \times \frac{4}{7} - \frac{2}{3}) = \Box$

위 문제에서 문제1은 초등 3학년에서 나오는 문제이고 문제2는 초등 6학년에 등장하는 문제이다. 둘 다 연산만을 묻는 문제이지만 자세히 살펴보면 다르다. 문제1은 단순히 덧셈 능력만을 묻고 있지만 문제2는 분수의 통분 능력과 덧셈, 뺄셈, 곱셈 등 다양한 능력을 묻고 있다. 문제는 연산 능력이 뛰어난 학생들과 그렇지 못한 아이들을 놓고 비교해 볼 때 문제1보다는 문제2에서 시간의 차이가 많이 난다는 것이다. 이런 현상 때문에 문제1과 같은 단순한 문제를 푸는 저학년 때는 시간이 모자라지 않지만 문제2와 같은 복잡한 연산 문제를 푸는 고학년 때는 수학 시험 시간이 모자란다고 한다. 따라서 연산이 빠르면 수학 시간이 부족하여 문제를 못 푸는 경우를 예방할 수 있다. 또한 연산 과정에서 절약된 시간은 문제를 풀 때 문제를 이해하고 식을 세우는 데 좀더 시간을 할애할 수 있다. 이것은 매우 중요하다.

셋째, 계산이 많이 들어가는 문제를 자신 있게 대할 수 있다.

계산에 자신이 없는 학생들은 계산이 많이 들어가는 문제에 대해서는 일단 겁을 먹게 된다.

문제3) 345 + 547 =

문제4) 다음 계산 결과가 가장 작은 것은?

　　　① 246 + 456　② 345 + 273　③ 147 + 524　④ 341+ 286

문제3번과 문제4번은 똑같이 한 문제이지만 문제3은 계산 한 번으로 끝나지만 문제4는 계산을 네 번 해야 한다. 요즈음 논술 서술형 평가가 대세인 수학 시험에서 문제3과 같은 유형은 잘 출제되지 않는다. 계산력이 뒤지는 아이는 문제4와 같은 문제가 부담스러울 수밖에 없고 시험에 대한 자신감이 급격히 낮아질 수밖에 없다. 자신감 결여는 그 과목에 대한 회피로 이어지고 점수로 연결되어 좋은 결과를 얻기가 어렵다.

넷째, 불필요한 실수를 줄일 수 있다.

아이들이 시험만 끝나고 나면 틀린 문제를 실수로 틀렸다고 난리들이다. 실수로 틀렸다고 하는 문제들을 보면 연산 과정에서의 실수가 대부분이다. 수학 과목의 특성상 문제를 읽고 식을 아무리 잘 세웠다고 할지라도 그 식을 풀이하는 과정에서 한 곳이라도 계산이 틀리면 정답이 아닌 오답이 된다. 아예 문제를 이해하지 못해서 식조차도 세우지 못했다면 덜 억울할 텐데 뻔히 아는 문제를 연산을 잘못해서 틀리면 그것만큼 안타깝고 억울한 것이 없다. 이런 상황을 예방하기 위해서는 연산 훈련이 절대적으로 필요하다.

기본 연산 훈련은 어느 정도 수준에 이르기까지 꼭 필요하다. 위에서 소개한 이유들 말고도 연산 훈련은 우리가 생각하는 것 이상으로 뇌발달에 좋다는 연구 결과들도 많이 나오고 있다. 연산 훈련을 잘 시키면 수학 실력뿐 아니라 뇌 발달도 된다니 그야말로 '꿩 먹고 알 먹고' 인 셈이다.

연산 훈련 방법

그러면 연산 훈련은 어떻게 하는 것이 좋을까? 결론부터 말하자면 절대 욕심 내지 말고 하루에 5분 정도씩만 투자한다고 생각하고 꾸준히 해 가다 보면 6개월 내에 효과가 확 나타난다. 방법은 크게 두 가지 정도로 생각해 볼 수 있다.

첫째, 학습지를 이용하는 방법.

대표적인 것이 구몬 학습지나 눈높이 수학이다. 이 학습지는 아주 체계적으로 연산 훈련을 해 주는 것으로 정평이 나 있다. 하루에 해결해야 할 연산 분량이 정해져 있고 단계별로 아주 세세하게 나누어져 있다. 이 단계만 잘 밟아가면 수학을 썩 잘할 수 있게 되는 셈이다. 하지만 이 학습지의 맹점은 학습자를 너무 지치게 한다는 거다. 학습자가 하루라도 과제를 미루면 상당량이 밀리게 되어서 감당하기가 힘들다. 학교 현장에서 보면 며칠씩 밀린 문제지를 수업 시간에 하는 경우도 종종 볼 수 있고 친구가 대신 풀어 주는 경우도 있다. 수학을 잘하게 하려다 지겹게 만들었다면 소탐대실少貪大失이 아닐 수 없다. 하지만 학습지 또한 부모가 매일 점검하고 채점하면서 아이의 실력을 확인해야 큰 효과를 볼 수 있으므로 이 점 또한 유의하여야 한다.

둘째, 연산 훈련 교재를 이용하는 방법.

앞에서 소개된 기적의 계산법과 같은 연산 훈련 책을 구입해서 하면 된다. 단계는 책에 자세히 소개되어 있으므로 자녀의 단계와 학년에 맞는 내용을 매일 반복하면 된다. 비용이 적게 들어가는 장점이 있다. 하지만 이것은 부모님이 같이 해 주지 않으면 효과를 보기 어렵다. 부모님이 시간도 재어 주고 관심을 가져 주면 의외로 좋은 결과를 가져올 수 있다. 하루에 5분 정도만 꾸준하게 6개월 정도 자녀에게 투자할 자신이 있는 부모에게는 이 방법을 권하고 싶다. 다음과 같은 절차를 밟아서 진행하면 큰 효과를 볼 수 있다.

- 먼저 연산 훈련을 할 수 있는 교재와 초시계를 구입한다.
- 연산 훈련 하고자 하는 곳을 복사해 놓는다.
- 자녀의 수준에 맞게 연산 훈련을 하되 워밍업과 관심 유도 차원에서 한 자리 수 덧셈과 뺄셈부터 시작하는 것이 좋다.
- 연산 기록을 재고 틀린 개수만큼 기록 감점을 한다.
- 연산 시간을 기록해 둔다.

위와 같은 연산 훈련을 매일 하면 되는데 10분이 채 걸리지 않는다. 또한 대부분의 아이들이 10회 이내에 50% 이상 기록이 향상된다. 아이 스스로도 성취감이 높기 때문에 부모님이 조금만 관심을 가져주면 연산 능력을 탁월하게 향상시킬 수 있는 방법이다.

연산 훈련 시 주의점

연산 훈련 교재를 이용할 때 주의할 점이 몇 가지 있다.

첫째, 연산 훈련은 하루도 거르지 않고 하는 것이 중요하다. 아마 많은 경우 처음에는 몇 번 더 하자고 조를 것이다. 하지만 대부분 나중에는 식상해서 어느 순간부터 하지 않게 된다. 따라서 부모가 의

지를 가지고 원칙을 정해 하루 1회 하기로 했으면 정확하게 1회를 실시하고 마쳐야 한다. 이렇게 해야만 지속적으로 연산 훈련을 할 수 있다.

둘째, 속도보다는 정확도이다. 연산 훈련을 잘못하다가는 오히려 역효과를 낼 수 있다. 즉 연산에서 가장 중요한 정확도는 놓치고 빠르기를 얻는 것이다. 하지만 연산에서 중요한 것은 빠르기보다는 정확도이다. 때문에 시간을 기록할 때에 오답이 나온 부분에 대해서는 시간을 더해서 벌칙을 가해야 한다. 100칸 계산 정도에서는 한 개 오답이 나오면 10초 정도의 벌점을 주면 아이들이 속도보다는 정확도에 더 신경을 쓴다.

셋째, 지속적인 칭찬과 격려를 해 주어야 한다. 아이가 연산 훈련을 하다 보면 분명 기록이 향상된다. 이 때 기록이 향상된다는 사실을 계속 상기시켜 주고 칭찬해 주어야 동기 부여가 되고 지속적으로 실시할 수 있다. 이 때 주의할 점은 남과의 비교가 아닌 본인이 얼마나 향상되었는지를 느끼는 게 중요하다.

넷째, 주기적으로 연산 학습지를 바꿔 주어야 한다. 만약 두 자리 수 덧셈을 1주일 했다면 다음 1주일은 두 자리 수 뺄셈을 하는 식으로 연산 훈련지를 1주일이나 2주일에 한 번씩 바꿔 주어야 식상하지 않고 답을 외워서 푸는 것을 막을 수 있다.

다섯째, 단계를 올리는 데 급급하지 말아라. 연산 훈련을 하다 보면 빨리 상위 단계로 가고 싶은 욕심이 생긴다. 하지만 각 단계별로 충분히 훈련된 상태에서 상위 단계로 가야 한다. 아래 단계 훈련이 제대로 되지 않으면 상위 단계에서의 시간 단축이 어렵고 오답률이 높다. 예를 들어 한 자리 수 덧셈 연습을 충분히 하고 두 자리 수 덧셈으로 가야지 한 자리 수 덧셈을 할 줄 안다고 연습을 충분히 하지 않고 두 자리 수 덧셈으로 가면 시간 단축도 어렵고 오답률도 높아진다. 높은 단계의 연산 훈련을 하고 있다고 수학을 잘하는 것이 아님을 명심하고 한 단계씩 밟고 올라가는 것이 중요하다.

무조건 많이가 아니라
다양한 문제를 풀어야 한다

다양한 문제 풀이를 통해 생소함을 최소화해야 한다

사람은 자기가 해 본 것은 익숙하기 때문에 쉽다고 느낀다. 하지만 한 번도 접해보지 못한 것은 낯설기 때문에 실제보다 어렵다고 느낀다. 이런 이치는 수학에서도 마찬가지이다. 자기가 접해 본 문제는 실제 시험에 나오더라도 풀어 본 문제이기 때문에 쉽다고 생각하며 풀 수 있지만 자기가 접해 보지 못한 문제는 쉬운 문제라도 낯설기 때문에 어렵게 느껴지기 마련이다. 예를 들어 보자.

문제1) 258 - 147 =

문제2) 윤석이는 258쪽 되는 동화책을 어제까지 147쪽 읽었습니다. 다 읽으려면 앞으로 몇 쪽을 더 읽어야 합니까?

문제3) 오른쪽 그림에서 큰 원 안에 나무가 258그루 심어져 있었습니다. 그런데 폭우가 내려 색칠한 부분만큼 이 물에 잠겨 147그루의 나

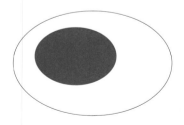

48

무가 물에 잠겼습니다. 물에 잠기지 않은 나무는 모두 몇 그루입니까?

위 문제들은 결과는 모두 문제1과 같이 식을 세워서 풀면 되고 정답은 111이다. 문제1은 학생들이 가장 많이 맞히는 문제이고 2번, 3번으로 갈수록 많이 틀린다. 이런 현상이 나타나는 이유는 여러 가지가 있을 수 있다. 일단 문제의 길이가 차이가 난다든지 2번과 3번은 문제를 읽고 이해하는 과정과 식을 세워야 하는 과정이 1번보다 더 복잡하니까 그렇다고 볼 수 있다. 하지만 단순히 이런 이유뿐만이 아니다. 학생들이 2번은 대체적으로 잘 푼다. 하지만 3번 문제는 쉽게 풀 수 있을 것 같은데 틀리는 학생들이 많다.

이유는 위에서 설명한 이유들보다 더 근본적인 원인이 있다. 바로 생소함 때문이다. 1번 문제는 학생들이 처음 뺄셈을 배울 때부터 배우는 아주 익숙한 유형이고 2번은 뺄셈을 조금 응용한 문제이기 때문에 교과서나 문제집에서 쉽게 볼 수 있고 여러 번 풀어 보았다. 때문에 시험에서 1번과 2번 같은 문제가 나오면 쉽게 풀 수 있다. 하지만 3번과 같은 문제는 다르다. 과정은 뺄셈식을 세워서 푸는 쉬운 문제라 할지라도 문제가 도형까지 가미되다 보니 학생들은 생소할 수밖에 없고 생소함 뒤에 찾아오는 두려움 때문에 문제를 틀리거나 심지어 포기하게 된다.

이런 문제점을 해소하는 방법은 없는가? 있다. 다양한 문제를 풀어 볼 것을 권한다. 문제를 많이 풀어 보는 것과 다양한 문제를 풀어 보는 것은 조금 다른 말이다. 예를 들어 A라는 학생과 B라는 학생이 수학 공부를 위해 100문제씩을 풀었다고 해 보자. 겉으로 보기에는 똑같은 양의 공부를 했다고 볼 수 있지만 내용적으로는 다를 수 있다. A라는 학생은 위의 1번과 같은 단순 계산 문제만 100문제를 풀었고, B라는 학생은 1번 유형 50문제 2번 유형 30문제 3번 유형 20문제를 풀었다면 B라는 학생이 시험에서 훨씬 좋은 점수를 받을 수 있다. 왜냐하면 좀더 다양한 문제를 접해 보았기 때문이다.

다양한 문제를 접할 수 있는 방법

다양한 문제를 접하는 가장 좋은 방법은 문제집 풀기이다. 필자들이 학교에서 보면 어떤 학생들의 경우에는 한 학기에 문제집을 10권도 더 푸는 것을 보았다. 물론 이것은 극단적인 경우이지만 문제집을 전혀 풀지 않는 것보다는 한두 권 정도 풀어야 수학 실력 향상에 도움이 된다. 교과서나 수학 익힘책 등에 나와 있는 문제만 풀어서는 시험에서 좋은 성적을 내기가 어렵다. 문제집을 한두 권 정도 꾸준하고 성실하게 풀어갈 필요가 있다. 하지만 그 이상은 지혜롭게 풀지 않으면 시간 낭비가 될 수도 있다. 왜냐하면 문제지마다 문제가 조금씩 다르긴 하지만 숫자만 바꾼 문제도 많이 있다.

문제집을 한두 권 풀었다면 다음 문제집부터는 익숙하고 아는 문제는 빼고 새로운 유형의 문제 중심으로 풀면 문제집 한 권을 금세 다 풀 수 있다. 아는 문제까지 다 풀다 보면 문제집 한 권 다 푸는 것이 보통 지겨운 작업이 아니다. 하지만 이와 같은 방법을 쓰면 그렇게 어렵지 않게 문제집 한 권을 정복할 수 있다.

또한 문제집을 두 권 풀어 볼 계획이라면 각각 출판사가 다른 것을 풀어 볼 것을 권한다. 출판사마다 출제 경향이 다르기 때문에 다양성을 체험하는 데 유리하다.

수학의 대세 서술형 문제 잡아야 한다

요즘 수학의 대세인 서술형 문제(문장제)

수능에서 수학이나 영어 시험 시간이 부족하다는 하소연이 많다. 왜냐하면 수학이나 영어의 문제 길이가 소위 말해서 장난이 아니게 길기 때문이다. 이는 요즈음의 경향이기도 하다.

수학 문제는 예전처럼 간단한 식을 써 놓고 풀라고 하는 경우는 점점 사라지고 있다. 대신 긴 문장으로 설명된 문제를 보고 식을 세워서 답을 구하는 형태 즉 문장제가 주류를 이루고 있다.

문제1) 335 - 109 = □

문제2) 학교 정문에서 정주네 교실까지는 335걸음이다. 학교 정문에서 문구점까지는 109걸음이다. 학교 정문에서 정주네 교실까지는 학교 정문에서 문구점까지보다 몇 걸음 더 멉니까?

문제1은 단순한 뺄셈식을 푸는 것이다. 하지만 문제2는 긴 문장을 읽고 이해한 후 식을 세워서 풀어야 하는 문장제이다. 문제1과 같은 문제 형태는 시험에서 자취를 감추고 있고 문제2와 같은 문장제가 대세를 이루고 있다. 문제1은 단순 계산 능력만 있으면 풀 수 있지만 문제2는 계산 능력에 문제를 읽고 이해하는 이해력이 우선되어야만 풀 수 있다. 학생들은 물론 2번을 더 어려워한다. 식을 세워보면 아무것도 아닌데 문제를 읽고 식을 세우기까지의 과정이 어려운 셈이다. 문제1은 계산 능력만을 묻고 있지만 문제2는 계산 능력과 이해력을 묻고 있으니 출제자 입장에서는 일석이조인 셈이다. 문제2와 같은 문장제 형태를 잘 푸는 아이들이 수학 점수가 좋게 나오는 것은 두말할 나위도 없다.

문장제는 단서가 되는 단어를 찾을 줄 알아야 한다

요즘은 초등학교에서 가장 많은 비중을 차지하는 사칙연산 문제들이 문장제로 출제되고 있다. 사칙연산 중심으로 문장제를 푸는 방법을 소개해 보고자 한다. 앞에서 예를 든 문제도 사칙연산 문장제이다. 하지만 학생들 중에는 문장제를 보고 무슨 연산을 사용하여야 하는지 잘 모르는 경우가 많다.

앞에서 예시한 문제2를 풀 때 어른들 같은 경우는 당연히 뺄셈을 사용해야 한다고 생각한다. 하지만 어린 학생들 중에는 덧셈을 해야 하는지 뺄셈을 해야 하는지 잘 모르는 경우가 많다. 이런 학생들은 사칙연산을 나타내는 말을 다양하게 모르기 때문이다. 다음 표는 사칙연산을 나타내는 다양한 말들이다.

덧셈을 암시하는 말	뺄셈을 암시하는 말
더하다 합하다 전체, 합계 전부 둘다 함께 ~만큼 늘어나다 모두 함께 결합하다	빼다 차 꺼내다 ~보다 작은 남다 ~만큼 작아지다 떠나다 잔돈 더 많은
곱셈을 암시하는 말	나눗셈을 암시하는 말
몇 배 ~의 곱 ~의해 곱하여진 ~의	~의 나머지 ~으로 나누다 분배하다 가르다 분할하다 부분 똑같이 나누다

문장제에서는 뺄셈을 빼면이라고 표현하지 않고 위 표에서 소개한 여러 가지 말들로 표현하기 때문에 학생들은 혼란스러움을 느끼게 되어 그냥 대충 보이는 숫자끼리 더하거나 빼 버리곤 한다. 위에서 소개한 문제2는 '~보다'라는 말이 나온 것으로 보아 뺄셈을 해야 하는 문제임을 알 수 있는 것이다. 하지만 위 표와 같은 표현 방식을 모르는 학생은 문제2를 덧셈으로 푸는 학생들도 많이 있다.

이와 같이 문장제를 잘 풀기 위해서는 문장제가 무엇을 묻고 있는지 핵심이 되는 단어를 찾을 수 있어야 한다. 위의 예들은 사칙연산과 관련한 것이었지만 다른 영역에서도 마찬가지이다. 평소 문장제를 풀 때에도 이런 훈련을 통해 많은 연습을 해야 한다.

문장제 문제 푸는 방법

문장제 문제를 푸는 데는 보통 다음과 같은 과정을 통해 푼다.
① 문제를 주의 깊게 읽는다.
② 문제에 주어진 정보를 잘 모아 정리해서 다시 한 번 말해 본다.
③ 본인이 무엇을 알아야 하는지 말해 본다.
④ 식을 세우거나 그림을 그리는 등 문제 풀이를 위한 전략과 계획을 세운다.
⑤ 문제를 풀기 전에 대략의 답을 생각해 본다.
⑥ 위에서 세운 계획에 따른 풀이 단계에 맞춰 문제를 푼다.
⑦ 다시 한 번 검토한다.
위와 같은 단계를 생각하면서 문장제를 한 번 풀어보자.

문제) 효리는 10개의 구슬을 가지고 있습니다. 주형이에게는 구슬이 14개 있습니다. 두 사람의 구슬은 모두 몇 개인가요?

위의 문제를 앞에서 소개한 순서에 맞춰 풀어 보기로 하자.

① 문제를 주의 깊게 읽는다	효리는 10개의 구슬을 가지고 있습니다. 주형이는 구슬이 14개 있습니다. 두 사람의 구슬은 모두 몇 개인가요?
② 문제에 주어진 정보를 잘 모아 정리해서 다시 한 번 말해 본다.	효리 – 구슬 10개, 주형이 – 구슬 14개
③ 본인이 무엇을 알아야 하는지 말해 본다.	구슬은 모두 몇 개인가?
④ 식을 세우거나 그림을 그리는 등 문제 풀이를 위한 전략과 계획을 세운다.	더하기
⑤ 문제를 풀기 전에 대략의 답을 생각해 본다	20개 보다 많은 구슬(10 + 10 = 20)
⑥ 위에서 세운 계획에 따른 풀이 단계에 맞춰 문제를 푼다.	10 + 14 = 24
⑦ 다시 한 번 검토한다.	구슬은 24인데 이것은 대략 계산했던 20개와 가까우니 답이 맞는 것 같다.

문제를 모두 이렇게 정석대로 풀 수는 없다. 하지만 이런 과정이 처음에는 매우 복잡하게 느껴지지만 조금만 숙달되면 전혀 복잡하게 느껴지지 않는다. 평소에 이런 과정 연습을 많이 할수록 좋다.

문장제를 잘 풀기 위한 전략

문장제를 풀기 위한 전략은 수학 교과서에 학년별로 여러 가지 방법이 소개되어 있다. 규칙 찾아서 풀기, 표로 만들어 풀기, 식 세워서 풀기, 그림 그려서 풀기 등 다양한 방법이 제시되어 있다. 이러한 문제 풀이가 가능하려면 우선 문제에서 무엇을 묻고 있는지를 알아야 한다. 즉 문제에서 필요한 말과 필요 없는 말을 추려내는 연습을 많이 해둬야 한다. 문제가 요구하는 핵심 정보를 찾아내는 훈련이 매우 중요하다.

문제) 경민이는 그릇 안에 두 개의 과자를 가지고 있습니다. 그중에 하나를 먹었습니다. 과자는 몇 개 남았나요?

경민이는 그릇 안에 두 개의 과자를 가지고 있습니다. 그중에 하나를 먹었습니다. 과자는 몇 개 남았나요?

문제) 하영이는 일곱 개의 구슬을 가지고 있습니다. 승표는 하영이보다 3배 많은 구슬을 가지고 있습니다. 승표는 몇 개의 구슬을 가지고 있나요?

하영이는 일곱 개의 구슬을 가지고 있습니다. 승표는 하영이보다 3배 많은 구슬을 가지고 있습니다. 승표는 몇 개의 구슬을 가지고 있나요?

위와 같은 훈련을 많이 하면 문장제를 잘 풀 수 있다.

또한 문장제를 잘 풀기 위해서는 무엇보다 독서를 많이 해야 한다. 문장제를 잘 풀기 위해서는 일단 문제를 읽고 이해할 수 있어야 하는데, 이는 수학 실력이 아닌 국어 실력인 것이다. 책을 많이 읽는 아이일수록 문장제에 강하다. 책을 많이 읽는 아이들은 문제가 길어도 그 문제에서 무엇을 묻고 있는지 금세 파악하지만 책을 적게 읽거나 읽지 않는 아이들은 이해력이 없어서 문제를 이해하지 못하고 틀리고 만다. 문제1은 맞고 문제2를 틀리는 경우는 수학 실력이 없는 것이 아니라 국어 실력이 없다고 봐도 과언이 아니다.

평소에 다음과 같은 문장제 만드는 연습을 많이 하면 문장제 푸는 데 도움이 된다.

$$4270 \quad 3830$$

문제1) 위의 두 수를 가지고 덧셈식 문제를 문장으로 만들고 답을 구하시오.

$$437 + 264 = \square$$

문제2) 위의 식을 보고 알맞은 문장제를 만들어 보시오.

물론 위와 같은 문제가 수학책에 나와 있긴 하지만 내용이 적어서 도움이 많이 되지 못한다. 때문에 평소에 문제를 풀 때 문장제를 만들어 보는 연습을 많이 하다 보면 문장제에 익숙해지고, 또 고민하는 과정에서 수학 실력과 이해력이 높아질 수 있다.

수학을 잘하려면 위와 같은 문장제를 잘 풀어야 하는데 가장 좋은 방법은 독서이다. 독서 양이 많은 아이들과 그렇지 않은 아이들은 잠 재력 면에서 서로 비교가 되지 않는다. 수학도 결국 문제를 읽고 이 해가 선행되어야 하는 교과이기 때문에 다독은 필수라고 하겠다.

완전 학습은 남을 가르치면서 완성된다

남을 가르치면 시간이 낭비된다?

배우는 사람 입장에서 완전 학습을 할 수 있는 가장 좋은 방법 중의 하나가 바로 자기가 배운 내용을 남에게 가르쳐 보는 것이다. 남을 가르쳐 보면 자기가 무엇을 알고 모르는지 정확히 알 수 있다.

학교에서 고학년들을 보면 수학을 잘하지 못하는 학생이 수학을 잘하는 친구에게 물어보는 광경이 많이 목격된다. 친절하게 가르쳐 주는 학생들도 있고 귀찮아하는 학생들도 있다. 가르쳐 주는 학생 입장에서 보면 자기가 아는 것을 친구에게 가르쳐 주는 것을 시간 낭비라고 생각하는 경우가 있다. 가르쳐 주는 학생은 굉장한 인심이나 쓰는 척한다. 하지만 이것은 매우 잘못된 것이다. 가르침을 받는 학생보다는 가르쳐 주는 학생이 상대방에게 더욱 감사해야 할 일이다. 이런 과정을 통해서 결국 더 많은 이득을 보는 쪽은 가르쳐 주는 쪽이기 때문이다.

저학년은 아직 사회성 발달이 덜 되었기 때문에 친구끼리 서로 묻고 답해 주는 또래 학습이 어렵다. 때문에 이런 어린 자녀들에게 부모가 학생이 되고 자녀가 선생님이 되어 가르쳐 보게 하면 자녀의 수학 능력 향상에 도움이 된다. 항상 부모는 교사가 되고 자녀는 학생이 되는 경우가 많은데 이것보다 더욱 효과가 좋은 것이 바로 역할을 바꿔 보는 것이다.

남을 가르치려면 자기가 먼저 완벽하게 알아야만 한다

아무리 자기가 다 알고 있다고 생각되는 문제도 막상 풀어보면 막히는 구석이 있기 마련이다. 막히는 구석이 없다고 하더라도 아는 것과 아는 것을 가르치는 것은 차원이 다르다. 후자가 훨씬 고차원적인 것이다. 아는 것을 가르치기 위해서는 우선 자기가 완벽하게 알고 있어야 하며 그 알고 있는 것을 상대방이 알아들을 수 있도록 다시 설명해야 한다. 이 과정이 한 번으로 끝나는 경우는 드물다. 상대방이 알아듣지 못하는 경우에는 다른 방식으로 설명을 다시 해 주어야 한다. 이 과정에서 굉장한 실력 향상이 이루어지게 된다. 자기가 알고 있는 방식으로 설명을 해서 상대방이 알아들으면 다행인데 그렇지 못한 경우에는 다른 방식으로의 접근과 설명이 필요하기 때문이다. 질문자 때문에 가르쳐 주는 학생은 다른 사고 패턴을 시도해야 한다. 이것이 가르치는 사람의 실력이 오히려 배우는 사람보다 늘어나는 이유이다.

배운 것을 부모나 친구에게 다시 가르쳐 보게 하라

자녀가 학교에서 수학을 배워오면 그것을 부모에게 한 번 설명하고 가르쳐 보라고 하면 된다. 부모는 이미 알고 있는 내용이지만 자녀가 설명하는 과정을 통해 새로운 사실을 깨달을 수도 있다. 또한 부모는 이미 알고 있는 사람이기 때문에 적절한 질문을 자녀에게 던질 수도 있다. 특별히 중요한 개념을 배운 뒤라면 반드시 한 번 확인 차원에서라도 물어 볼 필요가 있다.

예를 들면 자녀가 두 자리 수의 덧셈을 배운 뒤라면 자녀에게 두 자리 수의 덧셈을 부모에게 설명해 보라고 요구하면 된다. 그러면 자녀는 자기가 이해한 나름의 방식으로 열심히 설명해 줄 것이다. 그 설명을 들어 보면 재미있기도 하지만 그 속에 자녀가 잘못 이해하고 있는 부분도 드러나게 된다. 부모는 그 부분만을 수정해 주면 된다. 그러면 부모가 자녀를 끼고 가르쳐 주려 하는 것보다 훨씬 수월할 뿐만 아니라 자녀의 실력 향상에도 도움이 크다. 배우는 사람은 졸아도 가르치는 사람은 신나게 되므로 자녀는 수학에 대해 신이 날 것이다. 항상 수동적으로 듣는 입장에만 서 보는 것은 실력 향상에 도움이 되지 않는다. 자기가 알고 있다고 생각하는 부분 중에서도 아직 모르는 부분이 있다는 것을 깨닫고 알아 가야 하는 것이다.

이런 일이 자주 있다 보면 자녀가 학교 수업 시간에 집중력도 높아진다. 왜냐하면 집에 가서 엄마에게 원리를 설명해야 하는데 수업 시간에 딴짓을 할 수가 없는 것이다. 집중해서 듣고 이해해도 다시 설명해 보려면 막히기 일쑤인데 하물며 딴짓하는 것은 꿈도 못 꿀 일이다.

부모에게 가르치는 것보다 더 효과적인 것은 또래 친구에게 가르치는 것이다. 이것을 '동료 학습법' 이라고 하는데 이는 효과가 매우 높다. 자녀에게도 친한 친구 한두 명 정도에게 평소에 가르쳐 주는 것을 즐기게 하는 습관을 들이게 하면 교우 관계도 좋아질 뿐만 아니라 본인의 실력 향상에도 도움이 된다. 나눌수록 줄어드는 것이 아니라 풍성해지는 원리가 배움의 원리에서도 통하는 것이다.

3학년 어린이들의 수학에 대한 말, 말, 말

난 수학을 좋아해. 특히 누구한테 방해받지 않고 조용하면 집중이 잘 되고 재미가 더 붙는다. 임철우

난 수학을 별로 좋아하지 않는다. 난 수학 문제가 헷갈릴 때가 정말 싫다. 난 수학 중에서도 왕수학이 제일 지겹고, 눈이 터질 것 같다. "수학 하는 시간 좀 누가 줄여 줘." 권혜윤

나는 수학을 대체적으로 좋아하지만 막상 수학을 할 때면 가슴이 두근두근거린다. 수학 점수가 평소보다 많이 떨어지면 가끔 실망도 한다. 나는 수학을 하면 꼭 하다가 쉬어야지만 계속 풀 수 있다. 안 그러면 머리가 잘 안 돌아간다. 이수연

수학만 하면 꼭 게임 생각이 난다. 어떤 게임이냐면 내가 못하는 게임이다. 수학 빼기만 하면 지루하고 피곤하다. 왜냐하면 빼기는 더 어렵고 더 많으니까. 안철영

나는 수학이 싫지는 않지만 하기 싫다. 나는 수학을 하면 머리가 터지려고 한다. 수학을 하는 동안 체육 하는 것이 더 나을 것 같다. 박수홍

나는 수학이 힘들 때가 많다. 난 수학 중 덧셈과 뺄셈을 제일 싫어한다. 특별하게 기분이 좋을 때에는 잘 풀어 헤쳐 나가지만, 기분이 나쁠 때에는 짜증이 나기도 한다. 강기수

수학은 어쩔 때는 쉽다. 나는 쉬운 것은 그냥 쉽다고 빨리 하다가 틀린 적이 많다. 그 습관을 고치려고 해도 잘 고쳐지지 않는다. 내 소원은 세상에 수학만 없는 것이다. 나는 어려운 문제만 보면 머리가 아프다. 수학만 없으면 뭐든지 다 할 것 같은 느낌이다. 신예진

나는 수학이 지루하고 싫다. 쉬운 건 괜찮아도 어려운 건 복잡하여 지루하기 때문이다. 집에서 수학 공부를 할 때 잘못하여 엄마한테 무지 혼났다. 수학을 안 하고 다른 과목을 하였으면 좋겠다. 하지만 해야 함.전서희

나는 수학을 어느 정도 좋아한다. 특히 어려운 문제 푸는 것을 좋아한다. 여러 가지 방법으로 그 문제를 풀어가는 기분이 재미있기 때문이다. 시간이 오래 걸리는 복잡한 문제를 풀고 나면 기분이 뿌듯하다. 박주영 (※아이들 이름은 가명입니다)

2부

아이에게 맞는 방법을 찾는다

학원이 능사가 아니다

    요즈음은 학원 천국이라고 해도 과언이 아니다. 학원이 미치지 않는 영역은 거의 없을 정도이다. 이 중에서도 가장 일반화되어 있는 것이 보습 학원이다. 처음에는 말 그대로 학교 수업을 보충하는 성격이 강했으나 이런 의미는 이제 없어지고 한 학기 이상 선행 학습을 하는 것이 예사가 되었다. 학원을 비난하고 학교을 두둔하려는 것이 아니다. 각각의 장단점이 있기 때문이다. 하지만 분명한 사실은 학원이 너무 범람하고 있으며, 학생들도 학원에 너무 많이 의존하고 있다는 것이다. 학생 한 명에 보통 3~4개의 학원에 다닌다. 이로 인해 부모들은 과중한 사교육비 부담에 내몰리고 아이들은 시간에 쫓기고 있다. 하지만 무엇보다 큰 문제는 자기 주도적 학습력을 상실해 간다는 사실이다.

학원의 폐단

학원은 자기 주도적 학습력 상실을 부를 수 있다

여기에서 자기 주도적 학습력의 상실은 다른 어느 것보다도 크지만 눈으로는 잘 보이지 않는 폐단이라고 볼 수 있다. 자기 주도적 학습력이란 자기가 스스로 공부할 수 있는 능력을 일컫는다. 이 능력이 제대로 갖춰진 아이들은 시간이 흐를수록 진정한 실력을 갖춘 학생으로 성장한다. 반면 자기 주도적 학습력이 없는 아이들은 고학년으로 가면 갈수록 성적이 뒷걸음질 친다. 또한 계속 학원에 다녀야만 현상 유지라도 할 수 있는 의존적인 사람이 된다. 성인이 되어서도 학원에만 의존하는 사람이 되기 십상이다.

문제점이 있음에도 불구하고 아이들을 학원에 보내는 이유는 여러 가지가 있을 것이다. 우선은 자녀가 공부를 하지 않는데 그냥 두기는 불안하고 또 옆집 아이도 보내고 있으니 경쟁 심리에서 보내게 된다. 또 보내 보니까 효과가 나타나는 경우가 많다. 하지만 이는 반짝 효과로 끝날 확률이 높다. 6개월이나 1년이 지난 후에는 학원 다니기 전 성적으로 되돌아가는데, 마치 살이 처음에는 빠지는 것 같으나 얼마 후에는 이전 몸무게로 되돌아오는 요요 현상과 비슷한 것이다. 진정으로 살을 빼려면 어떤 비만 스쿨을 다녀야 하는 것이 아니라 평소 삶 속에서 비만 원인을 제거하고 건강한 생활 습관을 들여야만 살이 빠지고 건강한 몸이 될 수 있다. 이와 마찬가지로 진정으로 공부를 잘하기 위해서는 평소 공부 습관을 바꿔야지 학원을 보낸다고 해결되지 않는다.

학원이나 학교나 가르치는 사람들이 하는 일이라는 것은 일반적으로 아이들이 먹기 좋게 해서 학생들에게 떠 먹이는 역할이다. 이는 받아 먹기는 쉽고 편하지만 이런 것에 익숙해지다 보면 학생들은 자칫 자기가 음식을 만들어서는 먹지 못하고 남이 해 주는 것만 먹는, 자기 주도적 학습력을 상실한 아이들이 되고 마는 것이다. 배운 것을 자기가 스스로 음미해 볼 수 있는 시간이 필요하다. 스스로 음미해 보는 시간들을 통해서만이 자기 주도적 학습력은 길러진다. 하지만 요즈음 아이들은 자기 주도적 학습력을 기를 만한 시간적인 여유가 없다. 학교 끝나면 바로 학원으로 가야 하는 빡빡한 생활 시스템 속에서는 자기 주도적 학습력을 기를 수 있는 길은 멀기만 한 것이다.

학교 수업 시간에 산만한 아이로 전락시킨다

필자들의 경험에 의하면 학원을 지나치게 많이 다니는 아이들치고 학업 성취도가 우수한 아이들이 별로 없다. 이것은 위에서 말한 것처럼 배운 것을 자기 스스로 음미해 볼 수 있는 시간이 부족하기 때문이다. 또한 대부분 선진도로 나가기 때문에 학교에서는 자기가 한 번 배운 것을 아는 것처럼 착각하게 만들어서 수업 시간에 딴 짓을 하게 된다. 그러다보면 교사에게 자꾸 지적되고 수업 태도 나쁜 아이로 낙인 찍히는 경우도 많이 있다. 하지만 한 번 배웠다고 아는 것이 아닌데도 배우는 내용에 대해 더 이상의 흥미나 신선함이 없기 때문에 수업 시간에 산만해지는 것은 자명한 사실이다.

수업 시간에 산만해질 확률은 성격적으로 볼 때 내향적인 아이들보다는 외향적인 아이들이 더 높다. 내성적이거나 차분한 아이들은 자기가 알고 있는 것을 다시 학교에서 배운다 할지라도 수업 시간에 딴전을 피우지 않고 그냥 교사의 말을 듣는다. 하지만 성격이 차분하지 못한 아이들은 한 번 배운 내용을 학교에서 또 들으려면 지적 호기심이 사라진 후이기 때문에 적극적으로 딴전을 부리려고 한다. 때문에 성격적으로 볼 때 외향적인 아이들은 내향적인 아이들보다 더 신중하게 결정해야 한다.

자녀 실력에 거품이 낄 수 있다

학원에 다니지 않다가 학원에 다니면 성적이 오르는 경우가 많다. 그러면 부모는 역시 학원에 보내길 잘했다고 생각한다. 하지만 여기서 짚고 넘어갈 사실이 한 가지 있다. 성적이 오른 것이 정말 실력이 늘어서 성적이 올랐는가 하는 점이다. 토익 시험 같은 경우 학원을 다니지 않다가 학원을 다니면서 공부하게 되면 보통 50점 이상이 금새 오른다고 한다. 영어 실력이 금세 오른 것이 아니다. 시험 보는 방법이나 요령 등을 잘 가르쳐 주기 때문이다. 이처럼 학원에 다니기 시작하면서 반짝 효과가 보인다면 진정으로 실력 향상이 있는 것인지 아니면 다른 요인이 작용한 것인지 따져 볼 일이다.

자녀에게 숨 돌릴 시간이 있는지 확인하자

수학은 철저하게 자기 음미 과정이 있어야 한다. 그렇지 않고 듣기만 하면 들을 때는 아는 것 같으나 자기가 막상 풀려면 풀지 못하는 것이 수학의 묘미(?)이다. 때문에 아무리 자기가 확실히 아는 것처럼 느껴지더라도 수학은 반드시 자기가 선생님이 되어 설명하면서 풀 줄 알아야 한다. 그런데 학원을 다니게 되면 자기 음미의 시간이 줄거나 없어지게 되고 듣는 시간만 많아지게 되는 꼴이다. 물론 학교에서 한 번 듣고 학원에서 또 한 번 듣고서 자기 음미의 시간을 충분히 가지면 더할 나위 없이 좋다. 하지만 현실적으로 시간은 한정되어 있다. 학원을 보내기 전에 자기 음미의 시간이 확보되는지 꼼꼼하게 살피고 좋은 학원을 보내야 할 것이다.

시간의 확보는 자기 음미를 위해서도 정말 중요하지만 숨을 돌릴 수 있게 해 주는 역할을 해 준다. 개구리에게 움츠리는 시간을 주지 않고 계속 점프를 하라고 하는 것은 말이 안 된다. 숨 돌릴 틈 없이 일정이 빡빡하면 어른들도 될 대로 되라는 식으로 나가기 십상이다. 아이들도 마찬가지이다. 숨 돌릴 틈을 확보해 주지 않으면 학생들은 학교에서는 학원 숙제 하고 있고, 학원에서는 학교 숙제 하는 웃지 못할 비극이 벌어진다.

부모의 소신이 무엇보다 중요하다

아이들 중에 학원에 가고 싶어서 가는 아이는 거의 없다. 거의 대부분 부모님이 가라고 해서 갈 뿐이다. 자녀가 필요성을 느끼고 보내달라고 해서 가는 것은 환영할 만한 일이다. 하지만 대부분의 경우는 이 반대다.

현실적으로 부모의 소신이 없다면 학원 보내지 않는 것도 어려운 일이다. 그만큼 부모의 소신이 중요하다. 학원이 능사가 아니다. 학원은 오히려 자녀를 의존적인 인간으로 만들어 버릴 수 있고 자기 주도적 학습력을 상실한 아이로 만들어 버릴 수 있다는 사실을 명심해야 한다. 옆집 아이가 학원에 다닌다고 따라서 보낼 일은 더더욱 아니다.

초등학교까지는 적어도 부모가 충분히 가르칠 수 있으며 학원 보낼 시간 있으면 오히려 놀이 시간을 늘리고 독서를 하는 것이 훨씬 아이의 미래를 위해 바람직하다는 소신을 가질 필요가 있다. '아이들은 놀면서 큰다' 라는 말은 진리이다. 놀지 못하는 아이들은 바보가 된다. 사회성이 떨어지는 아이가 된다. 그리고 풍부한 독서는 지금 당장 보이지는 않지만 공부의 기초 체력을 튼튼히 하는 바탕이 된다.

마라톤 경기를 보면 출발할 때 1등을 하던 선수가 결승선에서 1등 하는 것 보았는가? 우수한 선수일수록 절대 처음부터 1등으로 나서지 않는다. 선두권은 유지하면서 기회를 보다가 중반 이후에 치고 나간다. 이처럼 공부도 초등학교 때부터 학원 많이 보내면서 좋은 점수 받으려고 하는 것은 마라톤 경기에서 초반에 1등 하려는 선수와 마찬가지라고 생각한다. 부모들이 좀 느긋하게 생각하면 된다.

우리는 너무 '남보다 빨리'에 익숙해져 있다. 공부에서도 마찬가지이다. 출발부터 남보다 앞서 가야 한다고 생각한다. 하지만 빠르기보다 더 중요한 것은 방향이다. 학원을 보내는 것이 조금 더 빠르게 성적이 오르고 효과가 나는 것 같아 보일지라도 그것이 자녀의 인생에 있어서 방향이 맞는지는 심사숙고해 볼 일이다. 무엇보다 부모의 소신이 중요한 시기이다.

댁의 자녀는 학습지 소화 불량 아닌가요

학습지는 대체로 학원보다 좀 싸고 부담이 적어 자녀의 짜투리 시간에 학습지를 많이 시킨다. 자녀의 일정에서 짜투리 시간이 나면 독서나 놀리는 것은 생각하지 않고 학습지라도 하나 더 시키고 싶은 것이 현실이다. 하지만 이 학습지도 자녀의 상태 등을 충분히 고려해야만 한다.

학교 수업 시간에 학습지 푸는 아이

학교 현장에서 보면 교사는 열심히 설명하고 있는 데 고개 숙이고 뭔가 열심히 하고 있는 아이들이 있다. 뭐 하는가 보면 학습지를 하거나 학원 숙제를 하고 있다. 참 어처구니가 없다. 대부분의 학습지가 하루에 해결해야 할 분량이 있는데 하루 이틀만 게을리해도 그 양이 아이 수준에서는 감당하기가 힘들어진다. 때문에 어떻게 해서든지 그날 풀어야 할 양을 풀어야 하는데 아이는 시간이 없다. 학교 끝나자 마자 학원 가야 하는데 학습지를 여유롭게 할 시간이 없는 것이다. 하지 않으면 부모님께 혼나니 안 할 수도 없는 노릇이다. 현실이 이렇다 보니 수업 시간에 학습지를 풀고 있는 것이다.

이 정도면 양반이다. 심지어 본인이 풀기는 싫고 하기는 해야 하니 친구에게 부탁하는 경우도 종종 목격할 수 있다. 그것도 돈까지 주면서 풀어 달라고 한다. 풀어 주는 아이 입장에서는 꿩 먹고 알 먹고이다. 아마 이런 현실을 부모들은 잘 모를 것이다. 얼마나 이중 손해인가? 학습지 한다고 돈은 돈대로 들어가는데 효과는커녕 아이는 수학을 점점 징글징글하게 여겨만 가니 손해가 이만 저만이 아니다. 이뿐인가? 학교 교사에게는 수업 시간에 딴짓 하는 아이로 낙인 찍히기 쉽다. 자기 수업 시간에 학습지나 학원 숙제 하는 것을 방치할 교사는 아무도 없다. 교사 입장에서는 너무 자존심이 상하는 행동이므로 그 아이에 대해 감정적으로 좋지 않게 바라볼 수 있는 것이다. 이렇듯 아이의 능력에서 벗어나는 학습지는 아이에게 결코 바람직하지 않다는 사실을 명심해야 한다.

학습지로 효과 보는 방법

첫째, 학습지를 하기 전에 아이의 동의가 어느 정도 이루어져야 한다. 어느 일이든지 당사자의 동의를 구하지 않고 강제로 하는 것은 효과가 없다. 역효과를 볼 확률이 크다. 말을 물가까지 끌고 갈 수는 있어도 물을 먹일 수는 없는 이치와 같다. 아이에게 학습지를 하기 전에 왜 학습지를 해야 하는지, 학습지를 하면 어떤 효과가 있는지 등에 대해 아이에게 설명하고 설득해서 동의를 받아내야 학습지는 효과를 거둘 수 있다.

둘째, 아이의 시간 중에 학습지를 할 만한 시간이 있는지 반드시 확인해야 한다. 학습지를 해결할 만한 시간적 여유도 없는 아이에게 학습지를 추가하는 것은 학습지에 깔려 죽으라는 말밖에 되지 않는다. 할 일은 많은데 시간이 부족하면 어른들도 짜증이 나고 결코 최선을 다하기 쉽지 않다. 하물며 어린아이들이야 오죽하겠는가? 공부 없는 나라에 가서 살고 싶은 마음을 조금이라도 이해해 주어야 한다.

셋째, 학습지를 하는 목적을 분명히 해야 한다. 이것은 어떤 학습지를 해야 하는가에 대한 물음이기도 하다. 학습지별로 강점이 조금씩 다르다. 어떤 학습지는 연산 훈련을 잘 시켜 주는 학습지가 있는가 하면 어떤 학습지는 개념 이해를 쉽게 하도록 도와 주고, 또 어떤 학습지는 서술형 문제 풀이를 잘할 수 있도록 도와 준다. 이런 다양한 학습지들 가운데 우리 아이에게 가장 맞는 학습지를 선택하는 것이 부모의 몫이다.

넷째, 학습지를 한 달 정도 진행해 본 다음에는 무리가 없는지 확인해 주어야 한다. 만약 자녀에게 너무 버겁다면 학습지를 계속하는 것에 대해 다시 한 번 생각해 보아야 한다.

다섯째, 너무 장기간 하다 보면 질릴 수 있으므로 중간에 한두 달씩 쉬는 것도 방법이다. 아무리 좋은 것도 계속하면 질리는 법이다.

하물며 수학 학습지야 두말할 나위도 없다. 아이가 너무 지겨워하지 않도록 6개월에 한두 달씩은 쉬었다가 할 것을 권한다. 그렇게 한두 달 쉬다 보면 마음이 새로워져 다시 시작했을 때 효율이 많이 오를 수 있기 때문이다. 아이가 너무 질려 한다는 징후들은 갑자기 너무 하기 싫어한다든지 오답이 예전과 달리 너무 많이 나오는 것 등으로 알 수 있다. 이때를 잠시 쉬는 시점으로 삼으면 크게 문제가 없을 것이다.

여섯째, 학습지 하는 시간을 정해 놓고 하라. 학습지 하는 시간을 정해 놓지 않으면 어느 날은 하고 어느 날은 하지 않을 수 있다. 또한 앞에서 언급한 것처럼 학교 수업 시간이나 학원 수업 시간에 할 수도 있다. 따라서 집에 있는 시간에 일정한 시간을 정해 놓고 그 시간에 꼭 한다는 원칙을 정해 놓으면 학습지 때문에 다른 활동들이 침해 받지 않고 꾸준히 진행할 수 있다.

선행 학습이 우리 아이 망친다

선행 학습과 예습은 다른 개념이다

대부분의 학원이 선행 학습을 하고 있다. 선행 학습은 예습과는 좀 다르다. 예전에는 공부를 잘하려면 예습, 복습을 잘해야 한다는 말을 많이 했다. 예습은 내일이나 다음 시간에 배울 것을 짧은 시간 동안 훑어 보는 것을 일컫는다. 예습할 때에는 궁금한 것을 표시해 두었다가 공부 시간에 그 부분을 더 집중력 있게 듣거나 교사에게 질문할 수도 있다. 이러한 예습은 학생의 실력 향상에 도움을 줄 뿐 아니라 수업에 대한 집중력을 높여 준다. 하지만 선행 학습은 한 시간이 아니라 한 학기나 1년을 앞서 가기 때문에 의미가 전혀 다르다.

선행 학습의 폐해

하위 개념에 대한 무관심

예습은 수업에 대한 집중력을 높이지만 선진도 학습은 자기가 내용을 다 안다고 착각하게 만들기 때문에 수업의 집중력을 오히려 크게 떨어뜨린다. 더 큰 문제는 하위 개념에 대해 더 이상 귀를 기울이지 않게 하는 역효과도 가져온다.

예를 들어보자. 초등 2학년에서 1학기 때 구구셈에 대한 입문이 있고 2학기에 본격적인 구구셈을 배운다. 대부분의 아이들은 1학기 구구셈의 원리를 시작할 때 학원 등을 통해 이미 구구셈을 다 외우고 있다. 때문에 교사가 아무리 구구셈의 의미 중의 하나인 동수누가同數累加 개념을 가르치려고 해도 아이들은 귀 기울이지 않는다.

문제) 다음 덧셈식을 곱셈식으로 바꿔 보시오.

　　　2+2+2+2+2 = (　　　　　　)

이 문제에 대한 답을 어떤 아이들은 5×2라고 쓴다. 이것은 곱셈의 동수누가 개념을 알고 있는지를 묻는 문제이다. 따라서 정답을 2×5라고 해야지 5×2는 엄밀한 의미에서 틀렸다고 봐야 한다. 만약 틀렸다고 채점을 하면 아이는 2×5도 10이고 5×2도 10인데 왜 틀리냐고 따진다. 이 아이는 이미 구구셈을 다 외웠을 뿐 아니라 구구셈은 서로 교환 법칙이 성립한다는 내용을 알고 있는 것이다. 2학년 2학기에 나오는 내용이다. 하지만 이 아이들에게 2×5의 의미를 물으면 2에다 5를 곱하는 것이라고 대답한다. 2×5의 의미가 2를 5번 더한다는 의미를 알고 있지 못하는 경우가 많다. 이런 학생들은 곱셈식의 가장 기본인 동수누가 개념을 알지 못하면서 구구셈을 외우고 교환 법칙까지 배워 버렸기 때문에 본인이 다 안다고 생각하면서 수업 시간에는 듣지 않는다는 것이다. 이러한 것이 선진도의 폐단이라고 볼 수 있다.

수학에서 상위 개념을 알아 버리면 하위 개념은 하찮게 느끼면서 더 이상 알려고 하지 않는다. 이렇게 되면 기초가 튼튼하지 않게 되어서 나중에 문제가 생기게 된다. 원의 넓이 내는 공식을 알면 더 이상 원의 넓이 내는 것을 고민하지 않는다. 고민하지 않을 뿐 아니라 원의 넓이 내는 것이 시시하게 느껴져서 더 이상 듣지 않게 된다. 하지만 원의 넓이 내는 공식도 중요하지만 그 공식이 나오기까지의 원리가 중요하고 그 과정까지를 오히려 반복해서 들어야 한다. 하지만 한번 원의 넓이 공식이라는 상위 개념을 맛본 학생은 더 이상 귀찮은 공식 유도 과정에 신경을 쓰지 않는다. 만약 처음에 가르쳐 주는 사람이 공식으로의 유도 과정을 정말 잘 가르쳐 주었다면 그나마 다행일 것이다. 이런 의미에서 선진도 후에 배우는 다음 과정은 별로 무의미하게 될 확률이 크다는 것이다.

아동의 정체성 위협

6학년 어떤 아이들은 자기가 중학생인지 초등학생인지 혼란스럽다는 말을 한다. 왜냐하면 학교에서는 초등학생이지만 학원에서는 이미 중학교 내용을 배우기 때문이다. 이것이 어른 입장에서 볼 때는 아무것도 아닌 것처럼 보일지 모르지만 아이들의 정체성에 큰 혼란을 주는 요인으로 작용하기도 한다. 특별히 초등 수학이 완전히 다져지지 않은 상태에서 중학교 수학을 하다 보니 혼란은 더욱 가중될 수밖에 없다. 학교에서 하는 초등 수학도 어려운데 학원 가면 더 알아듣지 못하는 중학교 수학을 하고 있으니 자신이 생각해도 이것은 코미디처럼 느껴지는 것이다.

성장 과정을 무시하는 것

현재 교육 과정은 많은 전문가 분들이 연구에 연구를 거듭하여 우리 나라 아이들의 수준에 가장 알맞게 교육 과정 수준을 결정하고 배열한 것이다. 즉 4학년에서 배우는 내용은 4학년 아이들 수준에 꼭 맞는 수준의 내용을 넣어 둔 것이지 2학년이나 3학년 아이들이 배울 만큼 쉬운 내용이 아니라는 말이다. 2학년이나 3학년 아이들처럼 어린 아이들이 배워도 되는 내용이면 굳이 4학년 교육 과정에 넣지 않았을 것이다. 4학년 내용은 2학년이나 3학년 아이들은 너무 어렵기 때문에 4학년에서 배우는 것이다.

현 교육과정을 살펴보면 중학교 1학년 수학 내용은 많은 부분이 예전 교육과정에서는 6학년 수학에 있었던 내용들이다. 예를 들어 소인수 분해나 최대 공약수·최소 공배수 개념은 6학년에 있었던 내용이다. 하지만 이것이 6학년에서 중학교로 이동한 것은 6학년 아이들이 어려워했기 때문이다. 이렇게 어려워하는 내용을 당겨서 더 어렵게 배운다는 것은 현명하지 못한 선택일 수 있다는 말이다. 따라서 학원에서 지나치게 선행 학습을 하고 있다면 자녀가 따라갈 수 있는지 반드시 확인할 필요가 있다. 그렇기 때문에 자녀와의 커뮤니케이션이 중요하다.

내일 일은 내일 고민하면 된다. 내일 고민해야 할 일을 당겨서 오늘 고민하는 사람은 현명하지 못한 사람일 것이다. 오늘은 오늘 고민거리도 많은 것이다. 마찬가지로 수학을 배우는 가장 현명한 방법은 해당 학년에서 해당 학년 내용을 배우는 것이다.

문제집! 한 학기에 두 권이면 된다

수학 문제집을 한두 권 정도 진도에 맞춰 푸는 것은 절대적으로 필요하다. 왜냐하면 수학을 잘하려면 다양한 문제를 많이 풀어 보아야 하는 데 교과서나 수학 익힘책만 가지고는 부족하다. 따라서 수학 문제집을 풀어 보는 것이 좋다.

서점 학습지 코너에 가보면 수학 문제집이 정말 많다. 모두 다 "이 문제집만 풀면 수학 100점은 문제 없다"는 문구가 눈에 확 들어온다. 이렇게 다양한 문제집 속에서 제대로 문제집을 선택한다는 것은 쉬운 일이 아니다.

문제집과 관련된 몇 가지 문제점들과 해결책을 생각해 보기로 하자.

문제집 선택 기준은 반드시 자녀의 수준이어야 한다

자기 수준에 맞는 문제집을 골라야 한다. 어떤 부모나 학생들을 보면 실력에 비해 너무 어려운 문제집을 선택한다. 수학 잘하는 친구가 그 문제집을 풀기 때문이라는데, 이것은 정말 어리석은 결정이다. 수학 문제집은 자기가 풀었을 때 80점 정도 나올 문제집을 선택하는 것이 바람직하다. 너무 쉬우면 동기 유발이나 실력 향상에 도움이 되지 못하고 너무 어려우면 수학에 대해 좌절하게 된다.

경우에 따라서는 자녀가 서술형 문제에 특별히 약하다고 생각하면 서술형 문제집을 사서 풀게 할 수도 있다. 때로는 고난이도의 문제집을 고를 수도 있다. 하지만 이 모든 경우가 자녀의 수준과 처지가 우선시 되어야지 체면이나 남 따라가기 식은 지양해야 할 것이다.

한 권은 철저히, 이후는 새로운 유형 위주로

보통 한 학기에 두 권 정도 푸는 것이 적당하다. 물론 능력이 되면 그 이상도 좋다. 여러 권의 문제집을 풀 때 한 권 정도는 철저하게 풀고 이후에 푸는 문제집들은 새로운 유형 위주로 푸는 것이 바람직하다. 한 권은 꼼꼼하게 다 풀어보고 이후의 문제집부터는 자기가 익숙하고 아는 문제는 과감히 지나가고 생소하고 잘 모르는 문제 위주로 푸는 것이 실력 향상에 좋다. 어차피 공부는 효율성 있게 해야 한다. 자기에게 너무 익숙하고 아는 문제로 시간 낭비할 필요 없다.

연습도 실전처럼

문제집을 풀 때에도 시험볼 때처럼 시간을 정해 놓고 푸는 훈련을 하는 것이 좋다. 집에서 문제집을 푼다고 너무 편하고 긴장감 없이 풀다 보면 그것이 좋지 않은 습관으로 정착될 수 있다. 이러다 보면 실제 수학 시험 때 시간이 부족하거나 잦은 실수를 할 수 있다. 평소 풀 문제집 분량에 맞는 시간을 미리 정해 놓고 푸는 것이 실력 향상에도 도움이 된다.

문제집 채점은 필수

문제집을 보면 뒤쪽에 해답이 있기 마련이다. 이 해답지는 가급적 부모님이 보관하는 것이 좋다. 어떤 부모는 자기 자녀를 믿는다고 하면서 자녀에게 맡기는 경우가 있는데 이는 고양이에게 생선을 맡기는 격이다. 이 문제는 자녀를 믿고 안 믿고의 문제가 아니라 자녀의 실력 향상과 연결되기 때문이다. 부모가 해답지를 가지고 있으면서 채점을 해 주는 것이 실력 향상에 가장 좋은 방법이다.

문제집을 풀었으면 반드시 채점을 해야 한다. 채점하지 않고 그냥 풀면 자기가 무엇이 틀렸는지 모른다. 틀린 문제는 다시 틀린다. 문제집을 푸는 목적 가운데 하나가 자기가 무엇을 모르는지 알기 위한 것인데 채점하지 않으면 이런 효과를 전혀 거둘 수 없다.

틀렸으면 바로 해답을 가르쳐 주지 말고 다시 풀어 보게 한다. 계속 틀리는 문제는 일단 해결하는 방법을 가르쳐 주고 표시를 해 두었다가 시험 전에 다시 한 번 더 풀어보는 게 좋다. 이런 문제는 뒤에서 소개되는 오답 노트에 꼭 적어 두었다가 반복해서 풀어 보도록 하자.

4학년 수학 성적이 정말로 평생을 좌우하나

얼마 전 세간에 초등 4학년 성적이 평생을 좌우한다는 말이 떠돌고 그런 책이 베스트셀러에 오르기도 했다. 그로 인해 많은 학부모들의 불안이 가중되었고 조급한 마음이 더욱 쪼그라들었다. 하지만 이것은 필자들이 교사 경험을 살려서 말하자면 다소 비약된 이야기이다. 초등 4학년 성적이 6학년까지 일관되게 가는 경우도 있지만 그렇지 않은 경우도 많다. 또한 4학년이 되면 수학이 갑자기 어려워진다는 말이 있는데 편견에 지나지 않는다. 오히려 필자들의 경험을 살려 말하자면 초등학교 수학에서는 5학년들이 수학을 가장 어려워하는 것으로 나타난다. 괜한 선입견에 휘둘려 불안해할 필요는 없다.

저학년 때 수학 잘하다가 고학년 때 수학 못하는 이유

수학 성적도 마찬가지이다. 저학년 때 조금 수학을 못한다고 해서 고학년 가서 수학을 못하는 것은 절대 아니다. 오히려 저학년 때는 수학을 잘하다가 고학년 가서 수학을 못하는 경우를 많이 보게 된다. 이런 원인은 여러 가지가 있는데 세 가지 정도가 가장 큰 원인이다.

첫째는 지나친 선행 학습이다. 1학년 내용을 이미 유치원에서 배워 온 아이들도 있다. 이런 아이들 같은 경우는 1학년 때는 잘하는 것처럼 보일 수 있다. 하지만 이런 선행 학습은 앞부분에서 언급했지만 그 아이의 진정한 실력으로 볼 수 없다. 실력에 거품이 끼었다고 보아야 한다. 선행 학습의 결과로 거품이 낀 실력은 고학년으로 갈수록 실체가 드러나는 법이다.

둘째는 부모의 지나친 돌봄이다. 저학년 때 실력은 부모 실력이라는 말이 있듯이 크게 신뢰할 만한 것이 못 된다. 저학년 때 부모가 너무 끼고 가르친 아이들은 자기 주도적 학습력을 상실하여 고학년에 갈수록 수학이 뒷걸음질 칠 우려가 크다. 세심하게 봐 주되 그것이 아이의 자기 주도적 학습력을 높여 주는 방향으로 이루어져야 한다.

셋째는 원리나 개념 이해보다 문제 풀이 위주로 공부해서이다. 이것은 수학을 공부하는 방법과 관련된 문제이다. 수학은 개념에 대한 충분한 이해가 있으면 수학이 갈수록 재미있어지고 맛도 느껴진다. 하지만 문제 풀이 위주로 공부하다 보면 나중에 수학이 재미 없어지고 지겨워진다.

저학년 때 수학을 조금 못한다고 다그치거나 낙담할 필요는 없다. 또한 저학년 때 수학을 조금 잘한다고 해서 교만해져서도 안 된다. 지금의 현상에 대해 일희일비 하는 것보다 길게 보고 자녀가 수학을 좀더 좋아할 수 있도록 해 준다면 멀지 않은 미래에 아이의 수학 실력은 나아질 것이기 때문이다.

수학은 지극히 뻔한 사실을
전혀 뻔하지 않게 증명하는 것으로 이루어진다.

게로르그 폴리아 George Pòlya 1887~1985

4학년 어린이들의 수학에 대한 말, 말, 말

수학아, 나는 계산하는 것이 너무 싫어! 나는 그때마다 계산기로 계산을 하고 싶어.
이선경

수학아! 너만 보면 내 머리가 어지러워지고 아주 그냥 머리가 팽팽 돈단다. 그리고 너
와 같이 있는 ×, ÷, -, +가 날 꿈속에서도 괴롭힌단다. 알고 있니? 그리고 난 숫자도
싫어하고 너 때문에 난 부모님께 혼나고 수학을 그리 잘 못해서 수학 공부방도 다니
게 되었잖아. 너가 없으면 살 것 같아. 알겠니? 신은경

수학아 나는 네가 싫어. 다른 과목은 답이 여러 가지로 나오는데 너는 답이 한 가지여
서 정확하기 때문에 한 가지라도 틀리면 다 틀리잖아. 안주영

수학아! 나는 네가 좋아. 왜냐하면 너는 어렵기도 하지만 오랜 고민 끝에 문제의 답을
알아내면 아주 아주 아주 아주 기분이 좋기 때문이야. 박철우

나는 수학이 없어지면 세상이 없어질 것 같다. 수학아 나는 너 없이는 못 살겠어. 사
랑해. 김한경

수학아 나는 너가 과목 중에서 제일 좋아. 왜냐하면 너는 덧셈, 뺄셈, 분수, 나눗셈,
곱셈 등 여러 가지 재미있는 것이 많이 있잖아. 나는 재미있는 네가 좋아. 박정민

수학아! 너는 너무 어렵고 재미 없어. 맨날 너 때문에 엄마한테 혼나. 나는 너 때문에
머리가 아파. 한 마디로 골치 아퍼. 네가 조금 쉽고 재미있으면 나도 널 좋아하게 될
거야. 나는 네가 싫어. 정윤원

(※아이들 이름은 가명입니다.)

3부
수학 시험 비법을 쌓아라

각종 평가 알고 대처하면 훨씬 쉽다

학습 평가의 가장 중요한 목적은 학업 성취 정도를 판단하여 학습 부진의 원인을 찾아 학습 활동을 도와 주는 자료로 활용하기 위한 것이다. 하지만 현실적으로는 이 평가가 거의 서열 짓기의 자료로 활용되고 있음을 부정할 수 없다. 그렇다고 해서 평가의 본래 목적을 묵살하고 결과만 중요시할 수는 없다. 여러 가지 평가가 있고 각 평가마다 성격이 많이 다르므로 서로 다르게 준비하는 지혜가 필요하다.

수행 평가

수학에서는 지필 평가만으로는 학생들의 모든 특성을 완벽하게 평가하기 어려울 뿐 아니라 수학의 지식과 기술을 실제의 상황에 적용하는 학생들의 능력을 평가하기도 어렵다. 따라서 결과 중심의 학업 성취도 평가와 과정 중심의 수행 평가를 함께 실시하고 있다.

수행 평가는 학생 스스로 자신의 지식이나 기술을 나타내는 결과물을 만들거나 답을 작성하도록 요구하는 평가 방식이다. 또 학생들이 실제로 조작 활동을 하면서 개념을 확실히 이해하고 실제 생활에서 접하는 문제 상황을 얼마나 잘 해결하는지 평가하는 것이다.

예를 들어 4학년에 나오는 '삼각형 내각內角의 합은 180도이다' 라는 개념을 배우는데, 수행 평가는 내각의 합이 180도라는 지식을 평가하기보다는 다음 그림과 같이 직접 삼각형을 만들어서 내각이 180도라는 사실을 알아 내는 조작 활동을 통해 평가한다.

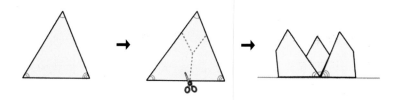

따라서 수행 평가는 많은 양의 평가보다는 적은 양의 평가가 되기 쉽고 주로 그 시간에 이루어진 수행 정도를 평가하는 경우가 많으므로 수업 집중도가 높은 아이들에게 유리하다. 물론 이 평가 결과가 초등학교에선 성적과는 별 관계가 없지만 중고등학교에 가면 큰 영향을 주므로 철저히 짚고 넘어가야 할 것이다.

단원 평가

한때 열린 교육이다 수행 평가다 해서 지필 평가가 금지되기도 했었지만 그런 와중에도 수학 과목만은 지필 평가가 남아 있었다. 그만큼 수학은 평가하는 데 있어서 지필 평가만큼 정확하게 평가할 수 있는 평가가 없다는 이야기도 된다. 지필 평가 중 단원 평가는 교사들마다 조금씩 다르지만 대부분 실시하고 있다. 한 단원이 끝나면 그 단원의 내용에 대해 평가하는 것이다.

이 평가의 목적은 그 단원의 내용을 잘 알고 있는가와 복습 차원에서 실시된다. 또한 교사 입장에서는 자기가 가르친 부분 중에 미흡한 부분을 알아내서 보충하는 데도 활용할 수 있기 때문에 단원 평가는 많은 교사가 치르고 있다. 때문에 대부분 그렇게 어렵지 않게 출제하고 있다. 수학 익힘책 정도를 풀 줄 알면 해결할 수 있는 수준으로 출제된다. 하지만 이것도 교사의 성향에 따라 조금씩 다름을 감안하여야 한다.

단원 평가에서는 결과보다는 자녀의 실력 점검이라는 가벼운 마음으로 접근하는 것이 좋다. 따라서 시험지 점수보다는 틀린 부분에 대한 집중적인 보충 지도가 관건이다. 이때 오답 노트 등을 반드시 활용할 것을 권한다. 틀린 문제를 오답 노트 등에 한 번 더 적고 가끔씩 풀어보면 다음에 보는 중간·기말 평가나 수학 경시에서 좋은 결과를 얻을 수 있는 좋은 밑거름이 된다. 한 번 틀린 문제는 다음에 또 틀리기 쉽다. 또한 단원 평가지는 버리지 말고 잘 모아두었다가 중간·기말 평가 때 다시 한 번 풀어보는 것이 시험지의 활용도를 높이는 방법 중의 하나이다.

중간 · 기말 평가

중간·기말 평가는 성적에도 반영되기 때문에 학생이나 학부모나 많은 부담을 느끼는 평가 중의 하나이다. 특히 학생 입장에서는 범위가 많기 때문에 스트레스를 엄청 받는 평가이기도 하다.

중간·기말 평가의 수준은 단원 평가 수준과 크게 다르지 않다. 하지만 많은 학생들이 더 어렵게 느끼는 이유는 범위가 많고 시험에 대한 중압감이 크기 때문이다.

중간 고사나 기말 고사는 보통 3~4개 단원을 평가한다. 따라서 이 평가들을 준비할 때는 단원의 기본 개념들을 한 번 훑어 본 후에 문제집을 풀어 보는 것이 유리하다. 또는 수학 익힘책 새 것을 하나 더 구입해서 한 번 더 풀어보는 것도 또 하나의 방법이다. 채점을 철저하게 해서 틀린 것은 표시해 두었다가 시험 전날 한 번 더 풀어 보면 확실한 허점 체크가 된다.

시험에 대한 중압감은 아이들 스스로 느낄 수도 있지만 알게 모르게 부모가 느끼게 해 주는 경우가 많다. 적당한 중압감은 성취도를 올리는 데 약이 될 수 있지만 과도한 중압감은 오히려 독이 될 수 있으니 부모들의 각별한 주의가 요망된다. 최근에는 중간 · 기말 평가를 실시하지 않는 초등학교가 많다.

수학 경시 대회

수학 경시 대회의 중요성은 자못 크다. 초등학교에서 중간 · 기말 평가만큼이나 비중 있게 다뤄지고 있고 아이들도 수학 경시 대회에서 우등상을 받으면 굉장히 뿌듯해한다. 우리나라 수학이 국제 수학 올림피아드 등에서 두각을 나타낼 수 있는 바탕엔 이 수학 경시 대회의 영향이 크리라 생각된다.

이 평가는 다른 평가와는 성격이 다르다. 수행 평가, 중간 · 기말 평가가 순수한 평가 목적으로 실시되는 것이라면, 수학 경시 대회는 수학 실력에 대해 우열을 가리는 성격이 강하다. 난이도가 높기 때문에 성적도 20점부터 시작해서 100점까지 다양하게 나온다. 중간 · 기말 평가가 평균 80점 정도에 맞춰 실시되는 것과 비교할 때 굉장히 어려운 문제들이 출제된다. 그래야만 수학 실력이 분명하게 드러나기 때문이다. 이렇게 시험이 어렵다 보니 평소 중간 고사나 기말 고사 등에서 똑같이 95점 정도 맞았던 아이들이 경시 대회에서는 한 명은 90점을 한 명은 70점을 맞는 경우도 비일비재하다. 중간 고사나 기말 고사는 수학 실력의 차이에 의해서 점수 차가 나는 것이 아니라 실수를 누가 적게 했느냐가 영향을 미친다. 하지만 수학 경시 대회는 그야말로 누가 수학을 잘하느냐를 보여 준다. 중간·기말 고사 성적이 우수하더라도 수학 경시의 점수가 좋지 않고 점수 차가 큰 아이들은 수학적 사고력과 응용력이 많이 떨어지는 아이라고 볼 수 있다.

경시 대회는 시험 문제 자체가 어려운 것도 있지만 분량도 거의 한 학기에 배운 것을 다 보기 때문에 아이들에게는 넘기 힘든 산과도 같다. 며칠 전에 배운 것도 가물가물한데 몇 달 전에 배운 것을 가지고 시험을 본다고 하니 참 막막할 수밖에 없다. 공부를 할 때도 이런 점을 감안해서 하루에 한 단원이나 두 단원 정도씩 끊어서 공부를 시키는 것이 좋다. 이렇게 단원별로 기초가 닦여진 후에 문제집을 푸는 것이 바람직하다.

경시 대회는 어렵기 때문에 시험 대비도 수학 익힘책 푸는 정도로는 되지 않는다. 하지만 수학 책에서도 단원 맨 끝에 나오는 '얼마나 알고 있나요'와 '탐구 수학', '생각 수학' 정도의 문제는 수학 경시를 준비하는 데 매우 유용하고 수준도 꽤 높은 편이다. 욕심을 좀더 부린다면 보다 더 어려운 문제를 구해서 풀어 보는 것도 좋다. 특별히 서술형 문제집들을 구해서 풀어 볼 것을 권한다.

외부 수학 경시 대회

요즈음 초등학생들 사회에서 외부 수학 경시에 참가해서 자기 실력을 점검해 보는 것이 유행이다. 종류도 헤아릴 수 없을 정도로 많고 다양하다. 대학에서 주관하는 경시 대회부터 시작해서 신문사, 사단 법인 등 정말 이름도 생소한 곳에서 대단한 시험인 양 홍보를 한다. 또한 이런 경시 대회에 나가 무슨 상장이나 하나 받아 오면 대단한 상이나 탄 것처럼 으스대는 아이들도 많이 보았다. 하지만 이런 외부 경시 대회에 대해 바로 알고 대처할 필요가 있다.

모든 학부모는 자기 자녀가 수학을 잘했으면 좋겠고 그렇게 인정받으면 좋아한다. 이런 부모들에게 '댁의 자녀가 수학에 재능이 있는 것 같은 데 외부 경시 대회에 한 번 나가보지 않겠느냐'는 학원 등의 제의는 거부하기 힘든 유혹이다. 그렇지 않아도 옆집 아무개가 외부 경시 대회에 나가 상을 받아 왔다고 자랑을 늘어 놓아 배가 아팠었는데 드디어 우리 아이에게도 기회가 왔다고 생각할 수 있다. 그래서 학원 경시 대회 프로그램에 맞춰 수학을 시킨다. 물론 이렇게 해서 정말 수학적으로 두각을 발현할 수도 있을 것이다. 하지만 대부분 그렇지 않다는 데 문제가 있다.

현재 외부 경시 대회는 희한하게도 초등학생 대상으로만 집중되어 있다. 그 많던 경시 대회가 중고등학교에 가면 자취를 감춘다. 이 사실만 보아도 외부 경시 대회가 초등학교 학부모들의 순진한 교육

열을 이용해 돈벌이를 하고 있다는 사실의 근거가 될 수 있다. 중학교 가면 외부 경시 대회를 준비하는 아이들이 손에 꼽을 정도이다. 그 많던 경시 대회 준비 학생들이 어디로 갔단 말인가? 초등학교 때 경시 대회란 것이 한 때의 신기루였다는 것을 깨달은 것은 아닐까?

외부 경시 대회가 허상이었다는 것을 늦게 깨달으면 깨달을수록 손해는 고스란히 당사자가 떠안는다. 현직 교사인 필자들이 판단할 때 외부 경시는 정말 수학적으로 재능 있는 아이들이 자기들의 꿈을 펼쳐 가기 위한 통로가 되어야 한다고 생각한다.

정말 이름 있는 외부 경시 대회 시험 수준은 그야말로 장난이 아니다. 교사들이 보아도 머리가 아플 정도이다. 이런 시험을 '경험삼아 한 번 해 보지' 라는 생각은 아이에게 수학적 좌절감과 패배감을 줄 수도 있다는 사실을 명심해야 한다. 외부 경시 대회 참가는 신중에 신중을 기해서 판단할 일이다.

선생님이 가르쳐 주는 수학 시험 노하우

똑같은 실력을 가졌음에도 불구하고 시험을 보면 결과가 다르게 나오는 경우가 많다. 성적이 잘 안 나오는 경우는 시험 볼 때 노하우를 잘 모르기 때문이다. 보통 시험을 많이 치러 본 학생들이 실력 이상으로 성적을 낸다. 왜냐하면 시험을 많이 치러 본 학생들은 한마디로 시험을 어떻게 치러야 하는지를 알고 있기 때문이다. 수능 시험을 보기 위해 고3 학생들이 모의 고사를 자주 보는 이유가 이런 데 있다고 할 수 있다. 하지만 무작정 시험을 많이 치러 본다고 노하우가 쌓이는 것은 아니다. 자세히 알려 줘야 깨닫는 경우도 많다. 하지만 이런 것은 선생님들이 잘 가르쳐 주지 않는다. 개인적으로 터득해야 하는 경우가 많다. 일찍부터 좋은 노하우를 터득한다면 시험에서 좀더 좋은 성적을 거둘 수 있을 것이다. 시험 치르는 노하우를 몇 가지 소개하면 다음과 같다.

수학 시험 노하우

첫째, 시험지 대부분이 앞부분은 좀 쉽고 뒤로 갈수록 어렵게 출제

된다는 사실을 알고 있어야 한다. 시험 문제를 낼 때 선생님들은 아이들이 느끼는 시험에 대한 두려움을 없애기 위해 앞면에는 쉬운 문제, 뒤로 갈수록 어려운 문제를 낸다. 때문에 뒤부터 푸는 것보다는 앞에서부터 푸는 것이 유리하다.

둘째, 어려운 문제는 건너 뛰어야 한다. 어떤 학생들은 모르는 문제를 가지고 몇 분이고 씨름하는 것을 볼 수 있다. 그러다가 정작 쉬운 문제는 시간이 모자라서 풀어 보지조차 못하고 빈 칸으로 그냥 내는 경우도 많이 본다. 이런 경우 참 안타깝다. 평소에 문제 풀이를 할 때부터 모르는 문제는 표시를 해 두었다가 나중에 푸는 습관을 들이도록 한다. 단 주의할 점은 건너 뛰었다가 나중에 빼 먹고 내는 경우가 있으니 반드시 표시를 해 두어야 한다.

또한 풀 수는 있지만 시간이 너무 많이 소요될 것으로 예상되는 문제도 나중에 풀어야 한다. 이런 문제는 나중에 시간을 봐 가면서 풀어야지 풀 수 있다고 잡고 있다간 시간을 너무 많이 까먹어서 나중에 시간 부족으로 낭패를 볼 수 있기 때문이다.

셋째, 문제에 줄을 그어 가면서 푸는 훈련을 한다. 어떤 아이들의 시험지는 너무 깨끗하다. 문제를 눈으로만 읽고 푸는 경우이다. 하지만 수학을 잘하는 아이들의 시험지는 적당히 지저분하다. 문제에서 묻는 핵심적인 곳에는 반드시 표시를 해 가며 푸는 습관을 들여야 한다. 예를 들어보자.

문제) 나의 나이는 9살이다. 아버지의 나이는 나보다 28살이 많다. 나와 아버지의 나이의 합은 얼마인가? (   )

위와 같은 문제는 어른들이 보기에는 쉬운 문제 같지만 많은 아이들이 37살이라고 답한다. 그 이유는 문제를 정확하게 읽지 않고 앞의 수에서 뒤 수를 더해서 바로 결과를 내기 때문이다. 채점을 해 보면 $\frac{1}{3}$ 정도가 이렇게 답을 한다. 기가 막힐 일이다. 하지만 수학을 잘하는 아이들일수록 이런 실수가 없다. 이런 실수를 하지 않기 위해서는 문제에서 정확히 무엇을 묻고 있는지를 파악하고 그 곳에 밑줄을 긋는 훈련을 평소 문제 풀 때부터 해야 한다.

넷째, 절대 빈칸으로 내지 않는다. 어떤 아이들은 수학 시험지를 빈칸으로 내기도 한다. 주관식은 모르겠지만 객관식조차도 빈칸으로 내는 경우를 흔치 않게 볼 수 있다. 이것은 시험에 대한 기본적인 태도 문제로 절대 있어서는 안 될 행태이다.

다섯째, 남의 것을 보고 쓰려고 하지 않는다. 소위 커닝이라고 부르는 것은 성적 향상에 도움이 되지 않는다. 이 행위를 하기 위해서는 계속 감독자의 눈치를 살펴야 하기 때문에 더욱 긴장하게 되고 그로 인해 뇌의 지각 능력이 저하된다. 따라서 자기가 알고 있는 문제마저 틀릴 수 있다. 커닝이란 일종의 거짓말이기 때문에 거짓말을 할 때는 머리가 잘 돌아가지 않아서 풀 수 있는 문제도 못 풀게 되는 수가 많다.

여섯째, 다 풀고 나서 반드시 검토하는 습관을 들여야 한다. 시험 감독을 하다 보면 학생들이 너무 검토하는 것에 익숙하지 않다는 걸 느낄 수 있다. 40분이 시험 시간이라면 나눠준 지 10분 만에 다 풀고 나서 그때부터는 지겨움에 치를 떠는 학생들이 많이 있다. 그러면서도 절대 검토는 하지 않는다. 하지만 나중에 시험지를 거둬보면 심지어 이름도 쓰지 않은 경우를 왕왕 본다. 검토를 하라고만 하면 무슨 말인지 잘 모르는 경우도 많다. 시험지 검토는 매우 중요한 사항이므로 좀더 구체적으로 생각해 보자.

수학 시험지 검토 방법

검토 방법은 다음과 같은 사항들에 주안점을 두고 검토해야 한다.

1) 빼 먹은 문제가 있는지 살펴본다. 특별히 모르고 지나간 문제 중에 빼 먹고 지나갈 확률이 높다. 자기 이름은 두말할 나위도 없다.

2) 문제를 반대로 읽지 않았는지 살핀다. 예를 들어 '다음 중 ~가 아닌 것은?' 과 같은 경우가 대표적인 경우이다. 이런 경우 대부분 출제자가 밑줄까지 그어 주지만 꼭 반대로 읽는 경우가 종종 있다. 이런 것에 특별히 유의하면서 검토한다.

3) 시간이 충분하다면 계산 과정을 꼼꼼히 살펴 본다. 눈으로만 살펴 보는 것보다는 다시 한 번 풀어 보는 것이 실수를 잡아 내는 데 유

리하다.

4) 답지가 따로 있다면 답지에 제대로 옮겼는지 꼭 살펴야 한다. 번호를 밀려 썼다든지 해서 낭패를 볼 수 있기 때문이다.

위와 같은 방법의 검토는 시간이 5분 정도 남았으면 반드시 해야 한다. 설혹 한두 문제를 풀지 못했더라도 검토를 한 번 하는 것이 더 필요하다.

실수도 실력이다

아이들이 수학 문제 푸는 것을 보면 단순히 계산 문제부터 문제 해결력을 요하는 응용 문제까지 다양하게 있다. 그런데 보통 아동들이 틀리는 문제를 보면 다시 풀었을 때 대부분이 아는 개념의 문제들이 많다고 말한다. 단순한 계산 문제가 틀렸을 때에는 "이거 아는거 틀렸잖아. 실수했네. 이것만 아니면 100점인데…"라는 반응을 보인다. 인정하고 싶지 않은 우리 아이의 수학 점수이지만 사실은 실수 역시 아이의 실력이다.

왜 이런 실수로 인해서 본인뿐만 아니라 주위를 안타깝게 하는 것일까? 이유를 알면 해답을 구하는 데 유리할 것이다.

실수하는 아이들은 대부분 문제를 제대로 읽지 않는다

실수로 틀렸다는 아이들은 문제를 제대로 읽지 않았을 확률이 크다. 문제를 제대로 읽지 않으면 절대로 제대로 된 답을 말할 수 없다. 대표적인 경우 몇 가지를 알아보자.

1) 다음 중 '~가 아닌 것은?'과 같은 유형이다. 이런 유형의 문제

는 실수하지 말라고 출제자들이 '아닌 것은?'에 밑줄까지 그어 주거나 진하게 표시해 준다. 하지만 주의력이 부족한 아이들에게는 백약이 무효이다.

2) 모두 고르시오, 또는 두 개 고르시오. 이와 같은 문제에 답을 한 개만 적는 경우이다.

3) 단위 빼먹고 쓰기. 경우에 따라서는 틀렸다고 채점하는 교사들도 많이 있다.

이런 실수를 해결하기 위한 좋은 방법은 문제를 읽을 때 줄을 그어가면서 읽는 것이다. 줄을 건성으로 그으면 전혀 효과가 없고, 처음부터 끝까지 분명하게 천천히 그으면서 읽으면 실수를 줄일 수 있다.

문제를 이해하지 못해서 틀린다

실수로 틀렸다고 해서 보면 문제를 이해하지 못해서 틀리는 경우도 많다. 문제를 이해하지 못한다는 말은 어휘력이 떨어진다는 뜻이다. 이런 아이들은 대부분 서술형 문제에 약하다. 핵심 단어 한 가지를 알면 그 문제가 너무 쉬워지는데 그 핵심 단어의 뜻을 모르니 답을 제대로 적을 수 없는 것이다.

예를 들어 '수학은 79점 국어는 84점을 받았다. 국어 수학의 총점은 얼마인가?'라는 문제에서 총점이라는 단어의 의미를 모르면 이 문제는 풀 수가 없다. 하지만 이런 아이들도 79 + 84 = □ 문제는 풀 수 있다. 나중에 그 핵심 단어의 뜻을 알았을 때 "아! 실수로 틀렸다" 라고 말하곤 한다. 하지만 이것은 실수가 아닌 실력이다. 어휘력은 많은 독서를 통해서만 얻을 수 있는 실력이기 때문이다. 때문에 그렇게 독서를 강조하는 원인이 여기에 있다고 할 수 있겠다.

시험지가 너무 난잡해도 실수할 수 있다

어떤 아이들 시험지를 보면 온통 낙서를 해 놓은 것같이 어지럽다. 자기 딴에는 계산을 한 것이지만 보는 사람은 낙서를 해 놓은 것인지 분간이 잘 안 간다. 이런 아이들은 제대로 풀어도 답을 옮겨 적는 과정에서 실수가 잦다. 너무 혼란스러워서 빚어진 결과이다.

이런 아이들은 시험지 대신 다른 종이를 사용하게 하면 된다. 하지만 경우에 따라서는 이런 종이를 사용하지 못하게 하는 경우도 있으므로 평소 문제집을 풀 때 문제와 문제 사이의 공간에 정돈되게 푸는 연습을 하는 것이 좋다.

연산 과정에서의 실수

어찌 보면 진정한 실수라고 인정할 수 있는 부분이기도 하다. 아주 복잡한 문제지만 식을 잘 세우고 풀었는데 중간에 사소한 연산 실수로 답이 틀렸다면 이보다 더 안타까운 일도 없다. 하지만 이것도 실력으로 인정해야 한다.

이 부분의 실수를 줄이기 위해서는 연산 훈련을 꾸준히 해야 한다. 이 연산 훈련에 대해서는 앞에서 자세히 다루었기 때문에 생략하기로 한다.

만점 연기를 하는 훌륭한 체조 선수들은 실수가 거의 없다. 이 체조 선수들이 처음부터 어려운 난이도의 기술들을 잘 구사할 수 있었을까? 절대 아니다. 처음에 고난이도의 기술을 익힐 때는 될 때보다 되지 않을 때가 훨씬 많다. 그러나 어느 순간부터 그 기술이 되기 시작하고 점점 실수가 없이 완벽하게 해 갈 수 있게 되는 것이다.

수학도 마찬가지다. 처음에는 어렵고 실수도 많다. 누구나 다 그렇다. 실수가 많은 것은 아직 훈련과 숙달이 덜 되었기 때문이다. 인정하기 싫지만 아직 몸에 배지 않은 것이다. 원인별로 해결책을 찾아 좀더 숙달할 필요가 있다.

군인에게 총이 있듯이
우등생에게는 오답 노트가 있다

군인의 필수품은 누가 뭐래도 총이다. 전쟁터에서 총을 들지 않은 군인의 모습을 상상할 수 있겠는가? 군인에게 총은 그야말로 필수품이다. 군인에게 총이 있듯 수학 우등생들에게는 오답 노트가 있다. 우등생의 대부분은 자기 나름대로의 오답 노트를 반드시 활용한다.

틀린 문제는 다음에 또 틀린다

시험이 끝난 후 채점을 해서 나눠주면 아이들 중에는 환호성을 치는 아이들도 있지만 땅을 치며 후회하는 아이들도 있다. 그 중에 가장 안타까워하는 아이들은 아는 것인데 실수로 틀렸다고 생각하는 아이들이다. 자기가 몰라서, 어려워서 틀리면 억울하지나 않은데 뻔히 아는 문제인데도 틀렸다고 생각하기 때문에 억울하기도 하고 후회가 이만저만이 아니다. 중요한 시험일수록 그 강도는 더하다.

하지만 필자들이 교직 생활을 하면서 느낀 것은 학생들이 소위 실수로 틀렸다라고 하는 말은 변명에 지나지 않는다. 왜냐하면 똑같은 문제를 지난 시험에서도 실수로 틀렸다고 주장하는 경우를 많이 보기 때문이다. 실수가 아닌 실력인 것이다.

참 특이한 현상 한 가지가 있는데 자기가 맞힌 문제는 다음에도 그런 유형의 문제가 나오면 십중팔구 맞힌다는 것이다. 설혹 자기가 아주 어렵게 맞힌 문제라 할지라도 말이다. 하지만 자기가 한 번 틀린 문제는 다음에 그런 문제가 나왔을 때 십중팔구는 틀린다. 설령 실수로 틀렸다고 생각한 문제들조차도 말이다.

이런 현상이 왜 일어나는지는 정확히 알 수 없다. 분명한 것은 틀렸던 문제는 또 틀릴 확률이 높고 이에 대한 대책을 강구하지 않으면 안 된다는 사실이다. 물론 수학 과목에만 국한된 이야기는 아니다. 다른 과목도 마찬가지이다. 시험 후에 실력을 올릴 수 있는 가장 효과적이고 좋은 방법이 바로 오답 노트를 만드는 것이다.

오답 노트를 만들어야 하는 이유

우등생들 중 많은 아이들이 오답 노트를 활용한다.

만들지 않는 아이들은 크게 두 부류인데 한 부류는 그런 것이 있는지도 모르는 부류와 알고는 있지만 실천하지 못하는 부류이다. 그러면 왜 오답 노트를 만들어야 하는 것일까? 오답 노트를 만들어 사용하면 다음 두 가지 면에서 획기적인 효과가 있기 때문이다.

첫째, 오답률을 줄일 수 있다. 오답 노트를 만들어서 그 문제를 반복해서 풀다보면 그 문제에 익숙해지기 때문에 다음에 그런 문제가 나오더라도 틀리지 않는다. 처음부터 어려운 문제를 풀 수 있는 사람은 없다. 다만 그 어려운 문제를 처음에는 몰랐지만 풀다 보니 알게 되고 반복하다 보니 쉽게 풀 수 있게 되는 것이다.

둘째, 공부 시간을 절약할 수 있다. 어떤 학생들은 오답 노트를 만들지 않는 이유가 시간이 오래 소요되어 시간 낭비라고 생각되기 때문이라고 말한다. 하지만 이는 잘못된 생각이다. 물론 오답 노트를 만드는 데 시간이 소요되는 것은 분명한 사실이다. 하지만 결과적으로는 시간을 더욱 효율적으로 쓸 수 있게 한다. 뒤에 오답 노트의 활용 부분에서 자세하게 언급하겠지만 평소 시간이 많이 있을 때 시험 기간을 위해 투자해 놓는 것이라고 생각하면 된다. 예를 들어 80점을 목표로 공부할 때 오답 노트를 만들지 않고 20시간 공부해야 한다면 오답 노트를 활용했을 때에는 15시간으로 축소될 수 있다. 이것이 오답 노트의 위력이다.

오답 노트는 어떻게 만들어야 하나

이렇게 좋은 오답 노트를 어떻게 만드는지 몰라 활용 못하는 경우가 있다. 오답 노트를 어떻게 만들어야 하는지 알아 보자.

공책을 한 권 사서 그냥 사용할 수도 있고 부피를 줄이기 위해 반으로 잘라 쓸 수도 있다. 가능하면 스프링 철이 되어 있는 공책이 좋다. 공책이 한 권 준비되면 평소에 수학 문제를 풀다가 틀린 문제를 공책에 옮겨 적거나 이것이 귀찮은 경우 아예 오려서 붙여도 된다. 틀린 유형을 자기가 아는 표시로 체크해 두면 나중에 상당히 도움이 된다. 예를 들면 ★:몰라서 틀림, ◎:실수해서 틀림과 같은 식이다. 문제를 적든지 오려서 붙이든지 정답으로 고치지 말고 오답으로 표기된 그대로 두는 것이 좋다. 그래야 나중에 다시 풀어 볼 때 똑같은 실수를 하는지 안 하는지 알 수 있다. 또한 내용 보충이 필요한 경우에는 간단히 메모를 해 놓을 수도 있고, 관련 내용을 찾을 수 있도록 해당 페이지도 적어 놓으면 좋다. 예를 들면 다음과 같은 모습이 될 수 있다.

◎ 어떤 수에 24를 더해야 하는데 잘못해서 뺐더니 480이 되었다.

옳게 계산하면 얼마입니까?　(72)

문제를 잘못 읽어서 어떤 수를 구했음. 관련 내용 수학책 38쪽.

　오답 노트에 위와 같은 식으로 만들어 놓으면 내가 이 문제를 실수로 틀렸었다는 것을 표시(◎)를 통해 알 수 있다. 오답을 그대로 적어 놓음으로 인해 다음에 풀어 볼 때 지난번에 내가 왜, 어떻게 틀렸는지 알 수 있다. 그리고 다음에 같은 유형의 문제가 나올 때 실수를 막을 수 있다. 또한 위의 예에서와 같이 문제 코멘트를 간단히 해서 리

플을 달아 놓으면 교과서나 참고서에서 금방 찾아볼 수 있어 시간도 절약된다. 아래 그림은 초등 4학년들이 활용하고 있는 오답 노트 견본이다.

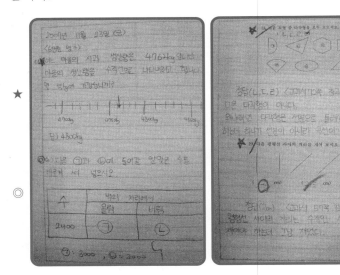

오답노트의 활용방법

정성껏 오답 노트를 만들었다면 어떻게 활용하는가가 중요하다. 만들어만 놓고 활용하지 않으면 시간 낭비만 하는 셈이다. 평상시에 만들어 놓은 오답 노트는 틈틈이 풀어 봐야 한다. 풀어 보면서 풀리는 문제는 다음에 또 풀 필요가 없다. 자기 나름의 기호로 표시를 해 놓고 다음에 오답 노트를 다시 한 번 더 풀 때는 그 문제는 풀지 않고 넘어간다. 이런 식으로 평소에 한 두 번 정도 풀어 보면 오답 노트에 있던 못 푸는 문제가 반 이하로 줄게 된다. 이렇게 평소에 해 놓으면 시험 전날 오답 노트의 위력이 발휘된다. 실제로 시험 전날은 가장 중요한 날이다. 공부할 것은 많고 시간은 부족하다. 이런 현상은 평상시 공부를 하지 않은 학생일수록 더 심하다. 평소에 오답 노트를 만들지 않았던 사람은 별 수 없이 시험 범위를 쭉 한 번 훑어 볼 수밖에 없다. 하지만 평소에 오답 노트를 만들어 놓았던 사람은 시간을 효율적으로 사용할 수가 있다. 자기가 몰랐던 문제만 집중적으로 하다 보니 시간의 낭비가 없다. 시험 전날 오답 노트를 풀어 보다가 또 틀린 문제는 다음날 시험 전 쉬는 시간에 한 번 더 확인해서 비슷한 유형의 문제에 철저히 대비할 수가 있다.

5학년 어린이들의 수학에 대한 말, 말, 말

다음주에 학원에서 또! 또! 또! 수학 총괄 테스트 본다고 한다. 으~악 허은호

수학아 나에게 너는 운동과도 같아. 해야 하는 것은 알겠는데 막상 하려면 귀찮고 하기 싫으니 말이다. 김지연

수학아! 어차피 태어나도 1000명 중에 996명이 너를 싫어할 텐데 왜 태어난 거니? 권형완

어제 꿈에서도 수학 니가 나와서 나를 혼내고 틀리면 점점 무섭게 변해 나 잠 설치게 했잖아. 니 꿈 꾸면 너무나 무서워. 신재훈

내가 제일 좋아하고 사랑하고 기쁠 때나 슬플 때나 함께 해 주는 수학아! 나는 네가 좋아. 박수현

수학이 너는 왜 태어났니? 너는 우리에게 도움을 주지만 나에게는 너무 해가 돼. 단태형

수학아! 너 대체 어디 숨었니? 난 당장이라도 너를 찾아서 한 대 때려줄 기분이라고. 넌 내가 싫으니? 왜 내가 싫어하는 문제만 잔뜩 내냐구?. 이현진

나는 수학을 만든 사람이 미워. 네가 싫다는 뜻이지. 뭐라구? 네가 없으면 과학자도 없다고? 쳇. 어쩌라구? 한윤진

수학아 미안하지만 난 니가 이 세상에 있다는 자체가 싫단다. 그러니까 제발 사라져 주렴. 그럼 내가 네가 원하는 거 다 줄게. 고민수

수학 너 때문에 다크 서클까지 생기고 제발 좀 없어져라. 이 악당 수학아! 엄예진

난 너가 좋아. 왜냐하면 넌 나에게 상장을 만들어 주기 때문이야. 정재훈

수학아! 너 덕분에 공부를 해도 인정받을 수가 있어. 수학아 너가 없었다면 나는 공부도 흥미가 없었을 거고 너 다음으로 좋아하는 과학도 하지 못했을거야. 원도준

(※아이들 이름은 가명입니다)

4부

이야기로 이해하는

학년별

수학 개념

1학년 주요 개념

수 세기는 어떻게 가르쳐야 할까

수 세기는 1학년 때 제일 처음으로 배우는 수학 단원이다. 아이들은 유치원 때부터 수 세기의 다양한 경험을 한다. 그러한 경험 대부분이 수 그 자체에 의존하는 것이 아니고, 초기 수 개념 형성의 기초와 나중의 기능 발달을 위한 토대를 제공한다. 그러므로 가장 기초가 되면서도 가장 중요한 단원이라고 할 수 있다.

수 세기는 아이들이 많이 접하므로 아이들이 다 잘할 수 있을 것이라고 생각하고 특별히 지도를 안 한 상태에서, 학교에서 배운 것만 가지고 문제집을 풀리는 경우가 많다. 하지만 수 세기에도 전략이 있다. 수 세기 전략에는 3가지 정도가 있다.

첫째로 앞으로 세기가 있다. 어떤 수에서 출발하든 수 세기를 시작할 수 있는데, 수 세기는 덧셈의 발달에 핵심적인 전략이다. 예를 들어 여덟에서 시작해서 아홉, 열, 열하나로 셀 수 있다. 이러한 수 세기는 수학에서 규칙성 개념 등을 배울 때 도움이 된다.

둘째로 거꾸로 세기는 뺄셈에 도움이 된다. 거꾸로 세기는 한 점에서 시작해서 반대 순서로 올바르게 수 이름을 제시한다. 처음 거꾸로 세기를 접할 때는 로켓 발사와 관련을 시킬 수 있다.(카운트 다운! 다섯, 넷, 셋, 둘, 하나, 발사!) 거꾸로 세기는 나중에 뺄셈의 발달에 도움이 된다.

셋째로 뛰어 세기는 하나씩 세는 대신 둘씩, 다섯씩, 열씩 또는 다른 값만큼씩 뛰어 세기이다. 이때 처음 시작하는 지점과 방향은 선택적이다. 이는 곱셈과 나눗셈에 대한 준비 학습을 제공한다. 뛰어 세기는 앞으로 세기, 거꾸로 세기와 더불어 수 세기의 여러 단계에서 매우 중요한 기능을 한다.

위 세 가지는 아래의 표를 이용하여 게임식으로 엄마와 함께 해보면 매우 도움이 된다. 표는 100칸으로 만들 수도 있고, 25칸, 49칸 등 다양하게 만들어서 사용하면 된다.

1	2	3	4	5	6	7	8	9	10
11	12	13	14	15	16	17	18	19	20
21	22	23	24	25	26	27	28	29	30
31	32	33	34	35	36	37	38	39	40
41	42	43	44	45	46	47	48	49	50
51	52	53	54	55	56	57	58	59	60
61	62	63	64	65	66	67	68	69	70
71	72	73	74	75	76	77	78	79	80
81	82	83	84	85	86	87	88	89	90
91	92	93	94	95	96	97	98	99	100

1시간은 왜 60분인가

1학년에 처음 들어오면서 수업 시간이나 점심 시간에 아이들이 가장 많이 하는 말이 "선생님, 지금 몇 시에요?" 이다. 유치원 때와 달리 반듯하게 책상에 앉아서 40분이라는 시간을 견디는 것은 쉽지 않은 일일 것이다. 게다가 1에서부터 10까지 셀 수는 있지만 10진법에 익숙한 아이들에게 30분, 60분의 개념은 매우 어렵다. 또한 시계에는 10이 아닌 12까지의 수로 되어 있다.

1학년 교과서에는 30분, 정각이라는 개념이 나오게 된다. 그래서 헛갈려하는 경우가 많다. 부모님들도 왜 시침, 분침이 12로 되어 있고, 또 100분이나 10시간이 기준이 아니라 60분, 12시간이 기준이 되어야 하는지 모르는 분들이 있다. 그렇다면 우리는 언제부터 지금의 시계를 사용하였고, 그 원리는 무엇일까?

초가 60개 모이면 1분이라고 하고 1분이 60개 모이게 되면 1시간이라고 하는 것은 시간을 표현할 때 10진법이 아니라 60진법을 이용하고 있기 때문이다. 60진법은 바빌로니아 사람들이 쓰던 기수법인데 이들이 60진법을 쓰게 된 이유는 오늘날 지구의 공전에 해당하는 주기가 360일이라는 사실을 알고 있었기 때문이라고 한다. 또한 '원주(원둘레)를 그 원의 반지름으로 나누면 약 6등분이 된다' 는 사실도 알고 있었다고 한다. 그래서 바빌로니아 사람들은 태양이 그리는 원의 모습을 360이라 생각하고 이것을 6등분해서 얻은 숫자 60을 단위수로 택했다는 이야기가 있다. 또 다른 주장은 60이 2, 3, 4, 5, 6, 10으로 다양하게 나누어져 시간을 구분하기에 가장 적합한 수이기 때문이라는 이야기도 있다.

1년이 12달이라는 것은 12진법을 쓰고 있다는 것인데 이렇게 12를 단위수로 택한 이유는 1년 중 태음월(초승달에서 다음 초승달까지의 기간)이 12번 있기 때문이라고도 하고, 12가 크기에 비해 많은 약수를 가지고 있기 때문이라고도 한다. 정리하면 현재 시간에 쓰이는 기수법은 바빌로니아 사람들이 쓰던 60진법의 습관을 받아들여 쓰고 있다고 생각하면 좋다.

아이들에게 10진법과 60진법을 정리해서 설명해 주면 당연히 더 어려워할 것이다. 하지만 시계의 기원이 언제부터인지 또 왜 그렇게 사용하게 되었는지 간단한 원리를 설명해 주면, 시계 분침, 초침을 외워야 하는 일이 쉬워질 수도 있을 것이다.

숫자의 기원은 어떻게 될까

1학년 수학에서 첫 단원은 수 세기 단원이다. 그림을 통해 1부터 5까지 세기가 나오며 2학기에 가서는 서른, 마흔… 아흔까지 배우게 된다. 그런데 아이들이 점점 수를 배우면서 서로 싸우는 모습을 발견하게 된다. "억 억이 더 크다", "아니야, 무한대가 더 커!!" 하면서 선생님이나 부모님들께 가장 큰 수를 묻게 된다.

혹은 아이들 중에 똑똑한 아이는 "왜 0은 이렇게 써야 해요?", "다르게 쓰면 안 되는 거예요?", "한글은 세종대왕이 만들었는데 숫자는 누가 만들었어요?" 하는 정말 가장 기본적이면서도 가장 어려운 질문을 하여 난감하게 만든다. 이러한 질문을 했을 때 부모님께서 가장 큰 수는 무엇이고, 숫자가 어떻게 유래되었는지 간단하게나마 설명해 준다면 우리 아이들은 부모님들을 다시 보게 되고, 숫자에 대한 역사 이야기도 상식으로 알 수 있지 않을까?

가장 큰 수, 가장 작은 수는

매우 큰 수를 읽는 데는 주로 중국과 인도에서 전래한 수사를 사용하는데 이것들이 오늘날 우리 것으로 토착화되었다.

1) 큰 수 : 일, 십, 백, 천, 만, 억, 조, 경, 해, 자, 양, 구, 간, 정, 재, 극, 항하사, 아승기, 나유타, 불가사의, 무량대수(10^{68})

2) 작은 수 : 할, 푼, 리, 모, 사, 홀, 미, 섬, 사, 진, 애, 묘, 막, 모호, 준순, 수유, 순식, 탄지, 찰나, 육덕, 허공, 청정(10^{-21})

3) 현대에 생겨난 수 : 광년light-year, 메가톤megaton, 미크론micron, 마이크로micro, 나노nano 등이 현대 과학의 발전상 필요에 의해서 새로이 생겨난 수사들이다.

수의 진법의 종류는

우리 인류의 조상들은 처음에 나무 조각에 선을 새겨 넣거나 밧줄 등을 묶어 수를 나타내었다. 문자가 발명되고부터 숫자가 고안되었는데, 이러한 숫자들을 살펴보면 각 민족에 따라 여러 가지 독창성과 연구한 흔적이 엿보인다. 계산법의 기본이 되는 단위도 5진법, 10진법, 20진법, 60진법 등이 있다.

또, 자리 수를 정하는 원리로 적은 숫자로 큰 수를 교묘하게 나타내었으며(바빌로니아, 인도 등), 자리 수의 원리를 생각하지 못했기 때문에 큰 수를 나타내는 데 계속해서 많은 숫자를 쓰지 않으면 안 되었던 기호법(그리스, 로마, 중국 등)도 있다.

각 나라의 수의 기원

1) 바빌로니아 숫자

점토판에 쐐기의 끝을 비스듬히 자른 것으로 새겼다. 단 두 가지의 기호로 어떠한 크기의 수도 나타내었다. 또한 60진법이 적용되고, 자리잡기의 원리가 도입되어 있다. 이를테면 1, 4 (=64)의 1은 60을 뜻하고, 4는 다음 자리의 수가 된다.

2) 이집트 숫자

돌비석 등에 새겨진 상형 문자 형태이다. 후에 파피루스(나일 강변의 수초로 만들어진 종이)가 사용되자, 쓰기 쉽도록 모양을 바꾸어 승려 문자로 사용하였다. 이집트인은 예로부터 오른쪽에서 왼쪽으로 글씨를 써 왔다.

3) 고대 그리스 숫자

수사數詞의 머리글자로 이루어졌다. Γ는 펜타(5), Δ는 데카(10)의 머리글자이다. 후에는 α, β, χ, δ, ε…(1, 2, 3, 4, 5…)와 같이 알파벳으로 수를 나타내었다.

4) 로마 숫자

로마 숫자는 인도·아라비아 숫자에 의한 필산이 보급된 후에도 오랫동안 유럽에서 부기 등에 사용되었다. 덧셈, 뺄셈 등은 아라비아 숫자보다 알기 쉬웠다. V(5)는 손의 엄지를 편 모양이고, X(10)는 V를 2개 합친 모양이라 한다.

5) 한漢 숫자

은나라 시대에 갑골이나 금문金文에 사용된 숫자가 원형이 되어 현재의 한 숫자가 이루어졌다. 0이 없고 자리잡기의 원리가 없다. 물론 계산에서는 쓰이지 않는다. 중국에서는 계산은 산목算木이나 수판으로 하였고, 숫자는 결과의 기록에만 쓰였다.

6) 인도·아라비아 숫자

인도에서 발명되어, 아라비아 상인의 손을 거쳐 유럽에 전해졌다. 유럽에 전해진 무렵에는 숫자의 모양이 일정하지 않아 은행이나 상점에서는 환영을 받지 못하였다. 0의 발명에 의해서 자리잡기 기수법이 완성되었으며, 그것은 서기 6세기경의 일이었다.

이렇게 수의 기원을 간단하게나마 아이들에게 옛날 이야기처럼 설명해 주면 수에 대해 친근감을 갖게 되고, 또 숫자의 기원에 대해서도 알 수 있다.

2학년 주요 개념

1m란 과연 얼마인가

2학년 2학기 길이 재기 단원에 보면 1m가 등장한다. 이는 2학년 1학기에 1㎝를 먼저 배우고 접하게 되는 개념이다. 교과서에 소개되어 있는 미터와 센티미터 개념은 아동들 수준에 맞추다 보니 수학적 체계에 맞지 않게 소개되어 있다. 부모님들은 적어도 길이 단위에 대한 정확한 지식을 가지고 있어야 자녀 교육에 도움이 될 듯하여 소개해 보기로 한다. 먼저 교과서에 소개되어 있는 미터와 센티미터 개념을 소개한다.

1㎝

위의 자에서 큰 눈금 한 칸의 길이를 1센티미터라고 합니다.
1센티미터는 1㎝로 나타냅니다.

1m

100㎝를 1미터라고 합니다. 1미터를 1m라고 씁니다.

이 개념은 수학적으로는 옳지 않다. 2학년 눈높이에 맞추어서 소개한 것일 뿐이지 수학적인 개념과는 거리가 있다. 이와 같이 소개되다 보니 고학년이 되어도 아이들에게 "1미터의 길이가 얼마니?"라고 물으면 1㎝가 100개 모인 길이라고 말한다. "그러면 1㎝는?" 하고 물으면 자를 들이밀면서 자의 큰 눈금 한 칸의 길이라고 자신 있게 대답한다. 하지만 이것은 너무 순진한 대답이다. 왜냐하면 이것은 아이가 가지고 있는 자가 절대적으로 옳다고 가정한 대답이기 때문이다. 이러한 현상은 아이들이 1m와 1㎝에 대한 정확한 이해가 없고 교과서에도 소개되어 있지 않기 때문이다. 고학년으로 가면서 다음에 소개되는 개념들을 가르쳐 줄 필요가 있다.

2학년 수학 교과서에서는 1센티미터가 작은 단위고 1미터가 큰 단위다 보니 1㎝는 1학기에 1m는 2학기에 소개되어 있다. 하지만 수학적으로 접근하려면 1미터가 먼저 소개되어야 한다. 왜냐하면 1㎝란 1m를 100등분한 것 중의 한 개의 길이를 의미하기 때문이다. 여기에서 센티미터centimeter란 말을 분석해 보면 센티centi + 미터meter가 합쳐진 말이다. 센티란 말은 영어에서 $\frac{1}{100}$을 가리킨다. 예를 들어 century(100년), cent(1달러의 100분의 1)를 살펴보면 한결같이 cent라는 말이 들어가 있는 것을 볼 수 있다. 1센티미터란 말도 말 그대로 1미터를 100조각으로 나눈 것 중의 하나라는 의미이다.

그러면 이 과정에서 문제가 되는 것은 1미터란 과연 어떤 길이를 의미하는가이다. 1미터는 예전에는 지구 자오선 길이의 4000만 분의

1 길이를 1m로 했었지만 지구 자오선의 길이가 조금씩 달라진다 하여서 1983년에 다음과 같이 정의하였다. "1m의 길이는 빛이 진공에서 2억 9979만 2458분의 1초 동안 진행한 거리"이다. 머릿속으로 잘 그려지지는 않겠지만 이렇게 정의되어 있다는 것을 부모는 알고 있어야 하고 고학년이 되면 이처럼 정확한 개념 숙지가 필요하다.

이 1미터를 바탕으로 초등학교에서 소개되는 다른 길이 단위를 소개해 본다.

1mm(밀리미터)
1미터를 1000개로 나눈 것 중의 한 개의 길이.
영어의 밀리milli라는 말뜻이 $\frac{1}{1000}$을 의미한다.

1cm(센티미터)
1미터를 100개로 나눈 것 중의 한 개의 길이.
영어의 센티centi라는 말이 $\frac{1}{100}$을 의미한다.

1m(미터)
빛이 진공에서 2억 9979만 2458분의 1초 동안 진행한 거리.

1km(킬로미터)
1미터를 1000개 모아 놓은 길이.
영어의 킬로kilo라는 말은 1000을 의미한다.

2학년 때 알아야 할 도형의 개념

삼각형과 사각형

평면 도형에서 가장 먼저 배우는 도형이 사각형과 삼각형이다. 2학년 때는 삼각형과 사각형의 개념을 배우고 상급 학년에 가면서 종류와 넓이 등을 구한다. 2학년에 등장하는 삼각형과 사각형의 개념을 살펴 보면 결코 쉬운 개념이 아니다. 왜냐하면 앞에서 설명한 '선분'이 삼각형 사각형 같은 도형에서는 다시 명칭이 '변'으로 바뀐다. 또한 이름이 삼각형, 사각형이어서 삼각형을 각이 세 개인 도형으로 사각형을 각이 네 개인 도형으로 기억하기 쉽지만 이는 삼각형과 사각형의 옳은 정의가 아니다. 고학년 아이들도 실제로 이렇게 대답하는 아이들이 태반이다. 이런 문제점들이 있는 것을 알고 자녀를 지도할 때 참고해야 한다. 먼저 수학책에 등장하는 삼각형과 사각형의 정의에 대해 알아보자.

사각형 : 4개의 선분으로 둘러싸인 도형을 사각형이라고 한다.
삼각형 : 3개의 선분으로 둘러싸인 도형을 삼각형이라고 한다.

위 정의를 제대로 이해하기 위해서는 삼각형과 사각형에 등장하는 변과 꼭지점에 대해 좀더 깊은 이해가 필요하다.

변은 선분이 만나 도형을 이룰 때 명칭이 바뀌는 것이라고 생각하면 된다. 물이 열을 받으면 수증기로 변하듯이 변은 선분이 도형을 이룰 때 이름이 바뀌는 것일 뿐 다른 것이 아니라는 사실이다. 마치 물과 수증기는 상태만 다르지 성분은 같듯이 말이다.

꼭지점은 이렇게 이해하면 된다. 선분과 선분이 만나면 점이 생긴 다. 꼭 한 개의 점밖에는 생기지 않는다. 이렇게 선분과 선분이 만나 서 생기는 점들 중 한 선분의 끝과 또 한 선분의 끝이 만나는 경우가 있다. 이런 경우는 특이하게 점이라 부르지 않고 꼭지점이라 부르는 것이다.

구구단의 의미부터 알자

2학년 1학기 말에 구구셈을 배운다. 하지만 대부분의 아이들은 이 미 구구단을 다 외우고 있다. 3분의 2 이상이 9단까지도 완벽하게 외 우고 있다. 근자에 들어서는 19단 열풍이 불어서 9단이 아닌 19단까 지도 외우는 모습을 종종 볼 수 있다. 또 자녀가 남들보다 구구단을 잘 외우면 수학을 굉장히 잘하는 것으로 착각한다. 교육 과정으로 볼 때 구구단은 2학년 2학기 안에만 완전히 이해하고 외우면 된다.

'구구단을 잘 외우는 아이가 수학을 잘하는가' 라는 질문에 '그렇지 않다' 라고 답하고 싶다. 오히려 구구단을 잘 외우는 아이는 수학적 재능이 있는 것이 아니라 음악성이 뛰어난 아이라고 말하고 싶다. 구구단은 일종의 수학 노래라고 생각하면 된다. 그것도 1절(1단)부터 9절(9단)까지 있는 노래이다. 가끔은 0절(0단)이 등장하기도 한다. 특이한 점은 이 노래의 1절은 아이들 사이에서 인기가 없다. 너무 쉽다는 것이다. 2절부터 5절까지는 비교적 쉬워서 잘 부르지만 6절부터 9절까지는 아이들에게 가사가 어렵게 느껴져 잘 못 부른다. 때문에 구구단을 이미 유치원 때 떼었으니 자기 자녀는 수학 천재인가 보다라고 생각하는 것은 금물이다.

이와 같이 말하는 이유는 아이들이 구구단의 의미를 모르고 외우는 경우가 많기 때문이다. 예를 들어 $2 \times 3 = \square$의 값은 기가막히게 대답을 잘한다. "이삼은 육"이라고 답한다. 하지만 2×3의 의미를 물으면 꿀먹은 벙어리가 된다. $2 \times 3 = 2+2+2$ 의 의미를 잘 알지 못한다. 2학년 1학기에는 구구단을 외우는 데 주안점을 둘 것이 아니라 구구셈의 의미를 정확히 이해시키는 데 목적을 두어야 한다.

곱셈의 의미가 여러 가지 있지만 그중에 가장 기본이 되는 개념이 동수누가同數累加 개념이다. 즉 같은 수를 반복해서 더한다는 개념이다. 따라서 $7 \times 4 = 7 + 7 + 7 + 7$ 이라는 말이다. 하지만 이것이 쉬워보이지만 아이들에게 $\star \times 2$의 값을 물어보면 대답하지 못한다. 대답은 "어떻게 별에다 2를 곱하느냐"고 난리이다. 하지만 동수누가 개념으로 정리해 보면 ☆×2 = ☆+☆이므로 정답은 별 2개 또는 쌍별이라고 할 수 있겠다. 하지만 이렇게 대답할 줄 아는 아이들은 거의 없다. 아이들이 구구셈의 기본 개념은 등한시한 채 구구단만 열심히 외운 결과라고 할 수 있다.

아이들에게 사과 1개 + 사과 1개 = □를 물으면 사과 2개라고 쉽게 대답한다. 왜냐하면 더하기의 의미는 +기호 앞과 뒤를 더하면 된다는 사실을 알고 있기 때문이다. 하지만 곱하기의 의미가 ×기호 앞의 수를 뒤의 수만큼 더한다는 의미를 모르기 때문에 ☆×2의 값을 물으면 전혀 대답하지 못하는 것이다. 이 의미를 제대로 알지 못하면서 구구셈을 19단까지 다 외웠다고 해도 별 의미가 없다.

기본 개념을 바르게 이해하는 것과 그렇지 못한 것은 당장에는 차이가 나지 않는 것처럼 보이지만 나중에 가면 큰 차이가 나기 마련이다. 수학도 당장 문제 푸는 것에만 급급할 것이 아니라 수학적인 기호나 정의 등의 의미를 제대로 배울 필요가 있다.

3학년 주요 개념

분수는 왜 필요한가

3학년부터 분수 개념이 도입된다. '분수란 무엇일까?' 하고 물으면 학생들은 모두가 다 안다고 말한다. 하지만 분수가 무엇인지 구체적으로 물어보면 제대로 알고 있지 못하다.

"분수는 분모 분자로 이루어져 있어요."

"그렇다면 분모, 분자는 무엇일까?"

"분모는 아래에 있고 분자는 위에 있어요."

분모, 분자, 진분수라는 개념은 4학년 1학기에 지도하게 되어 있다. 그렇지만 선행 학습을 미리 한 어린이들은 분수의 의미도 모른 채 분모, 분자 타령만 한다. 그렇기 때문에 분수의 도입 단계에서는 생활에서 왜 분수가 필요한지를 이야기해 보고 넘어가는 것이 중요하다.

분수는 자연수와 자연수를 이용하던 범위에서 확대되어 하나의 새로운 수를 만들어 내는 과정이다. 즉 분수는 3학년 학생들에게 자연수만 알고 있던 수개념에서 수의 확장 개념으로 분수를 가르치게 된다.

分분의 어원을 살펴보면, 중국에서는 分분은 칼로 잘라 나누는 것으로 '八'과 '刀'가 합해진 글을 의미한다. 분수分數, fraction의 어원이 fractus, 즉 쪼갠다는 뜻을 지닌 것처럼 분할하는 과정에서 발생하였다. 실제로 B.C.1700년경 이집트의 수학서인 린드 파피루스Rhind Papyrus에는 '빵 3개를 4명에게 나누어 주어라'라는 문제가 실려 있다. 이 문제의 조건은 똑같이, 공정하게 남김없이, 나누어야 한다는 것이다.

3학년 2학기에 공부하는 분수는 진분수이다. 진분수는 가분수와 대분수(자연수+진분수)를 공부하는 기초가 되고, 가분수와 대비되는 개념으로 진분수라 부른다. 진분수의 '眞진'은 진짜라는 뜻인데, 0보다 크고 1보다 작은 분수를 진짜 분수인 '진분수'라고 하고, 분수가 본래 만들어진 의도와는 달리 1보다 큰 분수를 가짜라는 뜻의 '假가'를 써서 '가분수'라고 한다. 대분수의 帶대는 자연수와 진분수를 띠로 둘러 하나의 수로 나타낸 것을 뜻하거나, 칼을 허리에 차듯이 분수가 자연수를 허리에 차고 있다고 해도 된다.

분수는 세 가지 의미를 가지고 있다. 즉, '전체-부분whole-part', '몫', 그리고 '비'이다. 3학년 과정에서 분수 학습은 전체-부분이라는 의미에 기초를 두고 전개된다.

전체와 부분

분수 $\frac{3}{5}$은 전체를 똑같이 5등분하고 그중의 하나가 $\frac{1}{5}$이므로 $\frac{1}{5}$이 3개이면 $\frac{3}{5}$이라고 한다.

3학년

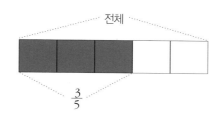

어린이들은 하나(1)를 전체로 하여 2, 4, 3, 8등분하는 것은 쉽게 해낸다. 등분, 즉, 구체물이나 반구체물 하나를 똑같이 나누는 분할 과정은 쉽게 해낸다. 더 나아가 '동치 분수'의 개념을 이해해야 한다. 동치는 같은 양의 다양한 표현 개념이다. 즉 10의 $\frac{3}{5}$을 구하라고 하면 먼저 10의 $\frac{1}{5}$을 알아야 한다. 10÷5=2이므로 10의 $\frac{3}{5}$은 6이다. 여기에서 전체는 10이고 부분은 6이 된다.

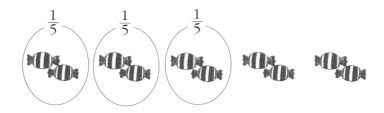

예를 들어 $\frac{3}{5}$, $\frac{6}{10}$, $\frac{9}{15}$, $\frac{12}{20}$ … 등은 크기가 같은 분수(동치 분수)이다.

분수 $\frac{3}{5}$은 3÷5의 몫이다. 이것도 분할(똑같이 나누어 주는) 상황에서부터 시작된다.

빵 3개를 5명에게 나누어 주려고 한다. 각자에게 한 개의 빵을 똑같이 나누고, 5명 모두에게 똑같은 양의 빵이 분배될 때까지 계속된다. 만약 빵을 3개 가지고 있다면, 이 같은 과정을 수학적으로 3÷5로 나타낼 수 있고, 각각 빵 $\frac{3}{5}$개를 갖게 된다.

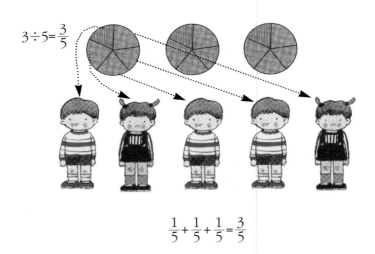

$$3÷5=\frac{3}{5}$$

$$\frac{1}{5}+\frac{1}{5}+\frac{1}{5}=\frac{3}{5}$$

비율

분수는 또한 여자 아이 5명에 대한 남자 아이 3명과 같은 비율 상황으로도 나타낼 수 있다. 이 상황에 대한 모형은 다음과 같다. 비율에 대한 것은 5학년에서 다시 반복되므로 생략한다.

$$3 \quad : \quad 5 = \frac{3}{5}$$

분수에 대한 여러 가지 의미는 학년에 따라 전체-부분의 의미(분할 분수), 측정의 의미(양의 분수), 비율 분수(비의 의미), 몫의 의미를 학습하기 때문에 전체적인 의미에서 관계 파악이 힘들다.

그러므로 어린이들에게 분수의 여러 하위 개념을 하나의 통합된 개념 체계로 연결지을 수 있는 공통 요소인 단위unit, 분할partitioning, 양quantity의 개념을 알려 주는 것이 효율적이다.

분수는 주어진 단위를 분할하고 그 결과로 얻어진 양은 주어진 단위 또는 다른 단위와 비교를 통해서 수로 나타내어진다.

전체-부분의 의미에서 분수 도입 시 아동은 연속량을 등분할한 후 분할로 전체의 수와 그중 일부분을 차지하는 부분의 수를 세는 활동을 하게 된다. 이 과정에서 세기와 분할을 통합하는 과정이 필요하다. 분할된 대상을 셈의 대상으로 인식하면서 동시에 각 부분을 하나의 양으로 인식하는 것을 의미한다. 아래 그림을 참고로 이해해 보자.

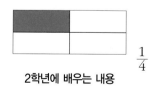

2학년에 배우는 내용 $\frac{1}{4}$

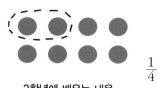

3학년에 배우는 내용 $\frac{1}{4}$

3학년

위의 과정을 거처 동치분수의 아이디어를 얻게 된다.

이처럼 개념을 이용해서 여러 가지 예를 만들거나 문장제 문제를 만들어서 아동의 분수 이해에 다양한 방법을 사용한다.

2개는 8개의 $\frac{1}{4}$ 이다	8개의 $\frac{1}{4}$ 은 2개이다
↓	↓
두 양 사이의 관계를 분수로 표현	전체 양에서 분수에 해당하는 양을 알아보기

더 나아가 아동들에게 두 양을 비교하는 문제를 만들어 보는 활동도 필요하다. (예 : 사탕 10개 중 2개는 $\frac{2}{10}$이다)와 주어진 분수를 문장으로 만드는 활동(예 : $\frac{1}{6}$로 문장 만들기 → 사탕 3개는 사탕 18개의 $\frac{1}{6}$입니다…) 등이다.

4학년 2학기에서는 두 양을 비교하는 활동에서 기준이 무엇인지에 따라 자연수와 분수가 발생한다.

예) 연필 6자루는 연필 2자루의 3배,

　연필 2자루는 연필 6자루의 $\frac{1}{3}$이다.

이 활동과 더불어 단위를 변화시킴으로 분수가 발생되는 상황(예 : 연필 3다스는 몇 자루인가?)을 경험시킴으로 단위에 대한 다양한 이해를 갖도록 한다.

왜 나누는가

나눗셈은 학생들이 가장 어려워하는 개념이다. 나눗셈이 어려운 이유는 다른 연산이 오른쪽에서부터 시작하는 반면, 나눗셈은 왼쪽에서부터 시작된다. 또, 나눗셈은 기본 나눗셈 구구뿐만 아니라 뺄셈, 곱셈도 수반한다. 셋째, 나눗셈은 어림에 의한 가정몫을 이용하는데, 첫 어림에서 꼭 성공하는 것은 아니다. 3학년 1학기에는 나누어 떨어지는 나눗셈을 한다. 이때 어린이들은 나눗셈의 개념을 이해하여 문제를 푸는 것이 아니라 곱셈 구구를 이용해 답을 알아내기는 하지만 답의 의미는 모른다. 하지만 왜 나누는지, 나온 답의 의미는 무엇인지 알아야 한다.

나눗셈은 똑같이 나누는 상황에서 발생한다. 3학년 1학기 과정에

8÷2=4		
	등분제	포함제
의미	똑같이 나누어 주었을 때 몫이 얼마인가.	양의 크기를 일정한 단위로 측정하였을 때 얼마나 되는가를 묻는 상황.
예	사과 8개를 두 사람에게 똑같이 나누어 주었을 때 한 사람이 몇 개씩 가지게 되는가?	사과 8개를 한 사람에게 2개씩 주면 몇 사람에게 줄 수 있는가?
문제 상황	한 사람의 몫(단위의 크기)을 묻는 것이다.	사과 8개를 2개의 단위로 재면 얼마나 되는지 측정 결과를 묻는 것이다.
의미	8을 2로 나누면 한 부분의 크기가 얼마인가의 의미.	8에는 2가 몇 번 들어 있는지의 의미.

나오는 기초적인 나눗셈은 곱셈 구구를 이용하여 해결하도록 하기 때문에 나머지가 없는 문제 상황을 제시하고 있지만 실제 상황에서는 나머지가 있는 상황이 더 흔하다. 생활에서 나눗셈은 두 가지 상황으로 나눠진다. 하나는 등분제이고 하나는 포함제이다.

옆의 표를 보면 두 상황은 다르지만 어느 경우나 나눗셈으로 설명된다. 나눗셈은 똑같이 나누는 경우와 같은 수로 나누는 경우가 있다.

1) 똑같이 나누는 경우

연필 16자루를 8사람에게 똑같이 나누어주면 한 사람이 몇 자루씩 가지게 됩니까?

2) 같은 수로 나누는 경우

연필 16자루를 한 사람에게 8자루씩 나누어주면 몇 사람에게 줄 수 있느냐?

왜 1분을 60초로 약속했을까

시간의 단위로는 초, 분, 시간, 일, 월, 년 등이 있다. 지구가 1회 자전하는 데 걸리는 시간을 '일'이라고 정한 것이다. 그것을 24로 나눈 것이 '시'이며 '시'를 60으로 나눈 것이 '분', 분의 $\frac{1}{60}$이 1초로 결정되었다. 다시 말하면 1초는 지구가 1회전하는 데 걸리는 시간의 $\frac{1}{86400}$ 시간을 말한다.

오늘날의 1초에 대한 정의는 1965년에 세슘 원자에서 방출되는 특정 파장의 빛이 9,192,631,770번 진동하는 동안의 시간을 뜻한다.

1분을 왜 50초라고 하지 않고, 60초라고 약속했을까?

우리 생활 속에서는 연필 한 다스 12자루, 12시간처럼 12단위로 하는 경우가 많다. 10은 2와 5로만 나누어지기 때문에 불편하지만 12는 2, 3, 4, 6으로 나누어지기 때문에 편리하기 때문이다. 12, 24, 36, 48, 60, 120, 240, 360과 같은 12의 배수를 단위로 하는 것들도 같은 이유로 많이 사용된다.

특징적인 것은 다른 대부분의 단위가 10진법 체계에 기초를 두고 있는 반면 시간의 단위는 60진법에 따른다는 것이다. 즉 1분은 60초, 1시간은 60분 하는 식이다. 60진법은 고대 메소포타미아 사람들 때부터 사용하게 되었다고 한다. 하지만 완전히 60진법만 사용되는 것은 아니다. 예를 들어 1마이크로 초는 1백만 분의 1초를 말하고, 1나노 초는 10억 분의 1초를 말한다. 하지만 이것은 초라는 단위를 그대로 사용하면서 그 길이만을 나타내는 말이기 때문에 기본적으로 60진법이 쓰여지고 있다고 보면 된다.

시계, 방향(각도) 등에서 60진법을 쓰는 이유는 고대 메소포타미아의 60진법에서 유래되었다. 60진법이 편리한 이유는 1년이 약 360… 즉 60의 배수와 비슷하여 달력 계산이 편했기 때문이다. 그래서 시간과 방위를 60진법으로 나누고 그것이 오늘날까지 이어진 것이다.

60진법은 사용하는 숫자가 많아서 어렵지만 60이 2, 3, 4, 5, 6 의 최소공배수이기 때문에 계산이 편리하다는 장점이 있다.

소수는 왜 필요하고 언제 생겨났을까

소수는 분수의 불편함에서 생겨났다. 분수에서 어떤 점이 불편할까? 분수는 십진기수법에 비해 사칙연산 계산이 복잡하다. 더하기나 빼기를 할 경우 통분하는 과정이 필요하다.

또 분수는 크기를 알기가 어렵다. 예를 들면 $\frac{7}{12}$과 $\frac{5}{8}$의 크기를 비교한다고 하자. 먼저 12와 8의 최소공배수인 24를 구하고 다시 통분을 하면 $\frac{7}{12} = \frac{14}{24}$, $\frac{5}{8} = \frac{15}{24}$ 이므로 $\frac{5}{8}$가 더 크다는 것을 알게 된다. 이처럼 계산이 복잡하고 크기 비교 등이 다른 십진수에 비해 훨씬 불편하므로 생겨난 것이 소수이다.

이렇듯 분수가 불편하기 때문에 소수가 생겨났다. 최초로 소수에 관한 법칙을 세운 사람은 네델란드의 스테빈Simon Stevin 1548~1620이고, 소수점을 분명히 의식하고 처음으로 쓴 사람은 월리스John Wallis 1616~1703이다. 그 후 소수 기호는 여러 수학자들에게 알려지게 되어 0과 1사이의 수, 또는 일의 자리보다 작은 자리의 값을 가진 수를 정확하고 편리하게 나타낼 수 있게 되었고, 이러한 소수의 발견은 수학이 발전하는 데 많은 도움을 주었다.

분수를 가르칠 때 소수도 함께 가르친다. 이 소수는 물건의 길이와 같은 양을 재려는 목적에서 만들어졌다. 역사가 발전하면서 양을 정확히 측정해야 할 필요가 생겼기 때문이다. 그리고 두 수의 크기를 비교할 때는 분수보다 소수가 훨씬 쉽다. 또한 계산의 측면에서도 소수가 필요한데, 컴퓨터에서는 분수를 쓸 수 없기 때문에 소수로 고쳐서 셈을 하게 된다.

소수는 분수를 십진기수법의 확장으로 표현하기 위해 가르친다. 또 소수는 복명수(몇 개의 단위를 조합하여 표시하는 명수名數. 예를 들면 1시간 10분 15초, 1m 15㎝)를 단명수(단 하나의 단위 이름만으로 표시된 명수. 30분, 10㎝, 50원)로 고칠 때에 이용된다. 예를 들어 4m 78㎝=4.78m이다.

3학년에서 배우는 소수는 분수 $\frac{1}{10}$을 0.1로 약속한다. 그리고 0.1을 기준으로 나타내는 소수를 생각하여 소수의 크기를 비교하게 된다.

3학년

3학년 때 알아야 할 도형의 개념

선분과 직선

선분과 직선은 어른들도 정확하게 구분할 줄 아는 사람이 흔치 않다. 그만큼 헷갈리는 개념이다. 3학년에서 소개되는 선분과 직선 개념은 다음과 같다.

> 선분 두 점을 곧게 이은 선을 선분이라고 한다.
> 점ㄱ, ㄴ을 이은 선분을 선분 ㄱㄴ이라고 한다.
>
> ㄱ •────────────────• ㄴ

직선   선분을 양쪽으로 끝없이 늘인 곧은 선을 직선이라고 한다.
    점ㄱ, ㄴ을 지나는 직선을 직선 ㄱㄴ이라고 한다.

선분과 직선에 대해 비교적 잘 소개하였다. 하지만 언뜻 보아서는 차이를 잘 모른다. 다음 표를 보면 차이점이 분명하게 드러난다.

종류	선 모양	처음과 끝
선분	곧은 선(중간에 굽으면 안 됨)	처음과 끝이 있다(양쪽의 끝점들이 처음과 끝이다)
직선	곧은 선(중간에 굽으면 안 됨)	처음과 끝이 없다(다만 지면적인 제약 때문에 선분과 같아 보인다)

선분은 선(직선과 곡선이 있음) 중에서 끝이 있으면서 곧은 선을 선분이라 하고 직선은 끝이 없으면서 곧은 선을 직선이라 한다. 지면에서 나타나는 모양은 같기 때문에 일반적으로 혼용해서 많이 사용하기도 한다. 하지만 내용적으로 분명 차이가 있다는 것을 알고 있어야 하겠다.

따라서 아래 그림과 같은 선이 선분이 아닌 이유를 말하라고 하면 처음과 끝은 있지만 곧은 선이 아닌 굽은 선이기 때문에 선분이 아니라고 설명해 줄 정도가 되면 굉장히 훌륭한 답변이라 할 수 있다.

4학년 주요 개념

사각형의 개념을 확실히 이해하자

사각형의 포함 관계

4학년 2학기에는 사각형 즉 정사각형, 직사각형, 마름모, 사다리꼴, 평행사변형의 개념에 대해 집중적으로 배운다. 이때 배운 개념을 바탕으로 5학년 때에는 이들의 넓이 내는 방법에 대해 배우게 된다. 따라서 4학년 때 사각형의 개념을 정확히 이해하지 못하면 5학년 때 넓이 내는 방법을 배울 때 어려움을 느끼고 수학이 점점 어려워진다고 생각하기 쉽다. 4학년에 등장하는 사각형의 개념 이해는 그만큼 중요하다.

아이들이 정사각형이나 직사각형에 대해서는 대체로 잘 이해한

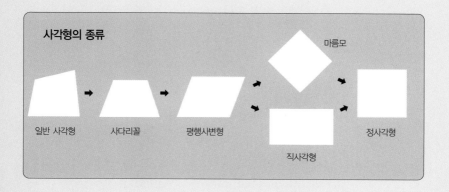

사각형의 종류

일반 사각형 → 사다리꼴 → 평행사변형 → 마름모 / 직사각형 → 정사각형

다. 하지만 마름모, 사다리꼴, 평행사변형에 대해서는 혼란스러워하는 경우가 많다. 이들의 개념을 간단히 소개해 보면 다음과 같다.

직사각형 네 각이 모두 직각인 사각형(혹은 네 각의 크기가 모두 같은 사각형)

정사각형 네 각의 크기와 네 변의 길이가 모두 같은 사각형

사다리꼴 마주 보는 한 쌍의 변이 서로 평행인 사각형

평행사변형 마주 보는 두 쌍의 변이 서로 평행인 사각형

마름모 네 변의 길이가 모두 같은 사각형

이 사각형의 개념들을 무작정 외우려고 하다 보면 헷갈리고 혼란에 빠지는 경우가 종종 있다. 개념과 그림을 같이 보면서 이해를 하는 것이 좋다. 더 나아가서 이들의 포함 관계도를 머릿속에 넣어두면 좀더 깊이 확실하게 이해할 수 있다.

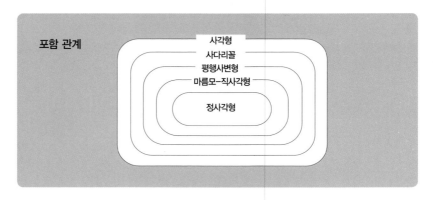

위 그림에 대해 보충 설명하면 이렇다. 정사각형과 마름모를 비교해 보면 정사각형은 마름모라고 할 수 있지만 마름모는 정사각형이

라고 할 수 없다. 정사각형은 마름모의 '네 변이 모두 같다' 라는 개념을 포함하고 있다는 뜻이다. 직사각형은 '네 각의 크기가 같다' 라는 개념을 포함하고 있는데 정사각형은 이 개념도 포함하고 있다. 따라서 정사각형은 마름모와 직사각형의 개념을 전부 다 포함하고 있는 사각형이라고 할 수 있다. 이런 식으로 따져 볼 때 평행사변형은 정사각형이 될 수 없지만 정사각형은 평행사변형이라고 할 수 있다. 위 그림은 이런 식의 개념 포함 관계를 나타낸 것이다.

4학년

사각형 이름의 유래

사다리꼴은 모양이 사다리 모양이라서 사다리꼴이라는 이름이 붙었다. 평행사변형은 네 변이 서로 평행하다 해서 평행사변형이라는 이름이 붙었다. 그러면 마름모는 무엇인가? 마름모 사각형이 왜 이렇게 이름이 붙여졌는지에 대해서는 아는 사람이 별로 없다. 마름모가 네 변의 길이가 같은 사각형이니 등변等邊형 사각형쯤으로 붙여졌어야 맞을 것 같은데 이름이 하필이면 생소한 마름모이다. 마름모의 어원은 마름이다. 마름은 마름이라는 식물 이름이다. 다음 사진은 마름

식물 사진이다. 잎 모양이 마름모의 모양과 흡사하다.

마름모는 일제 시대부터 광복 직후까지 능형菱形이라는 명칭으로 쓰였다. 여기서 능菱 자가 바로 '마름식물이름

능' 자이다. 광복 이후 이 능형이라는 명칭은 한글 학자들에 의해 순우리말로 바뀌었다. 앞의 능은 마름으로 형은 세모, 네모, 모서리 할 때의 모로 바꾸어서 마름모가 되었다.

오목 사각형과 볼록 사각형

초등학교에서 구분하지는 않는 개념이지만 사각형을 나눌 때 오목 사각형과 볼록 사각형으로 나눌 수 있다. 다음 그림을 보면 쉽게 이해될 수 있다.

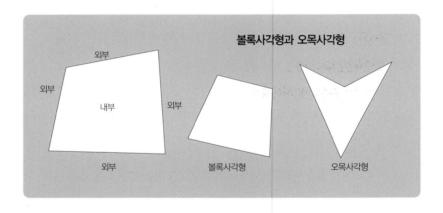

우리가 흔히 말하는 사각형은 대부분 볼록 사각형임을 알 수 있다. 아이들 중 가끔 오목 사각형을 그려서 이것이 무슨 도형이냐고 물으면 삼각형이라고 대답하는 아이들이 있다. 이는 사각형의 개념을 잘 모르기 때문이다. 부모님들이 이들의 개념을 정확히 파악하고 자녀들을 지도한다면 한층 깊이가 있는 가르침이 될 수 있으리라 생각된다.

분수는 종류도 가지가지

3학년부터 분수를 배우기 시작해서 4학년 때는 각종 분수의 종류와 덧뺄셈을 공부하게 된다. 분수는 아이들이 상당히 어려워하는 개념이다. 자연수는 일상 생활에서 많이 접하지만 분수는 그렇지 않기 때문이다. 더구나 분수는 왜 이렇게 종류도 많은지 모르겠다. 단위 분수, 진분수, 가분수, 대분수, 기약 분수 등 종류도 다양하다. 이들의 개념을 정확하게 이해하는 학생도 있지만 그렇지 못한 학생들이 더 많다. 배울 때는 좀 이해하는 것 같아도 돌아서면 싹 까먹곤 한다. 개념을 분명히 해 둘 필요가 있다.

4학년

단위 분수

단위 분수單位分數, unit fraction 개념은 분수를 처음 배우는 3학년 때 나온다. 왜냐하면 단위 분수는 모든 분수의 단위가 되는 분수이기 때문이다. 단위라는 말은 어떤 것의 기준이라는 의미이다.

$\frac{1}{2}$ $\frac{1}{3}$ $\frac{1}{4}$ …과 같이 분자가 1인 분수를 단위 분수라고 한다. 이러한 단위가 기본이 되어서 다른 분수들을 나타낼 수 있는 것이다.

즉 $\frac{2}{3}$ 는 $\frac{1}{3}$ 이라는 단위 분수가 2개가 모였기 때문에 $\frac{2}{3}$ 가 되는 것이다. 마치 길이의 단위인 1m가 두 개 모여지면 2m가 되는 원리와 같다.

진분수와 가분수

교과서에 소개되어 있는 진분수_{眞分數}의 개념은 '분자가 분모보다 작은 분수'라고 소개되어 있다. 즉 $\frac{1}{4}$ $\frac{2}{4}$ $\frac{3}{4}$과 같은 분수를 일컫는다. 따라서 단위 분수도 진분수라고 할 수 있다. 또한 진분수에서 '진'은 진짜를 뜻한다. 진분수는 진짜 분수라는 의미인 것이다. 그러면 가짜 분수도 있단 말인가? 있다. 가분수_{假分數}가 가짜 분수이다.

가분수는 분자가 분모와 같거나 분모보다 큰 분수를 말한다. 즉 $\frac{4}{4}$ $\frac{5}{4}$와 같은 분수를 일컫는다. 이 가분수는 영어로도 improper fraction 이다. 부적절한 분수인 것이다. 분수로서 부적절하다는 말이다. 이런 이름들이 붙은 데에는 이유가 있다. 이 사실을 이해하기 위해서는 분수의 도입 과정을 이해하면 쉽다.

분수는 애초 수를 나눈 것을 나타내기 위해 등장하였다. 예를 들어 3명이 피자를 똑같이 나눠먹는 것을 나타내는 방법은 바로 $\frac{1}{3}$씩 먹는 것이다. 따라서 우리 개념 속에 피자를 $\frac{1}{3}$ 조각 먹었다는 말은 쉽게 이해가 간다. 하지만 피자를 $\frac{7}{3}$ 조각을 먹었다고 하면 머릿속에 얼른 들어오지 않는다. 오히려 피자를 $2\frac{1}{3}$을 먹었다고 하면 이해가 더 빨리 된다. 왜냐하면 가분수라는 개념은 진분수나 대분수처럼 일상생활에서 쓰기 위해서 도입된 것이 아니라 계산 과정에서 필요해서 도입된 분수이기 때문이다. 분수의 사칙연산을 하다 보면 대분수 상태로 계산하는 것이 복잡하기 때문에 가분수로 고쳐서 계산을 많이 한다. 이처럼 계산 과정에서 필요하여 도입됐기 때문에 가분수는 계산 과정에서만 우리 머릿속에 존재하다가 사라지는 분수라고 할 수 있다. 이렇다 보니 가짜 분수 또는 부적절한 분수라고 이름을 붙인 것이다.

대분수

대분수帶分數, mixed fraction는 $2\frac{1}{3}$, $3\frac{3}{4}$ 과 같이 자연수와 진분수로 이루어진 분수를 일컫는다. 아이들 중에 이러한 대분수를 큰 분수로 잘못 알고 있는 경우가 종종 있다. 진분수보다 크니까 대분수라고 생각하고, '대' 자를 자기가 알고 있는 한자 大큰 대 자로 생각하기 때문이다. 하지만 대분수에서 '대' 자는 한자 '大' 자가 아니라 帶띠 대 자이다. 즉 허리띠를 의미한다. 허리띠를 두른 모양과 비슷하다고 하여 붙여진 이름이다.

대분수의 개념은 교과서에는 정확히 나오지 않는다. 하지만 앞에서 소개한 것처럼 초등학교 수준에서는 '자연수와 진분수로 이루어진 분수' 정도로 알고 있으면 무방하다. 따라서 $1\frac{1}{3}$ 은 대분수이지만 $1\frac{7}{3}$ 은 대분수가 아니다. 왜냐하면 대분수는 자연수와 진분수로 이루어진 분수이어야 하는데 $1\frac{7}{3}$ 은 이 조건을 만족하지 못하기 때문이다. 이렇게 대분수는 자연수와 진분수로 혼합되었기 때문에 영어로 mixed(혼합되어진) fraction(분수)라고 부르고, 대분수를 혼분수混分數라고 부르기도 한다.

각 이야기

3학년 때 각에 대하여 배우고 4학년 때 각도와 각의 종류 즉, 직각, 예각, 둔각 등을 배운다. 하지만 이에 대한 정확한 개념이 부족하므로 인해 각과 각도를 잘 구분하지 못하고 예각과 둔각도 구분하지 못할 때가 많다.

각과 각도

각角은 모양이 동물의 뿔 모양을 닮아서 붙여진 이름이다. 각은 선분과 선분이 교차하면 아래 그림과 같이 반드시 4개의 각이 생기기 마련이다.

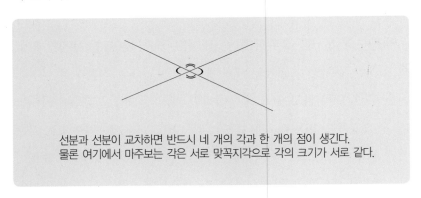

선분과 선분이 교차하면 반드시 네 개의 각과 한 개의 점이 생긴다.
물론 여기에서 마주보는 각은 서로 맞꼭지각으로 각의 크기가 서로 같다.

각도角度라는 말은 각의 크기를 말한다. 따라서 '각의 크기가 얼마인가?' 와 '각도는 얼마인가?' 라는 말은 같은 말이다. 하지만 '각도의 크기는 얼마인가?' 라는 물음은 마치 역전驛前 앞에서 만나자는 잘못

된 우리말과 같이 잘못된 표현이다. 다시 한 번 정리하면 각은 선분과 선분이 만나게 되어 생기는 뿔 모양을 각이라고 하며 그 각의 크기를 각도라고 한다.

각의 종류 – 직각, 예각, 둔각, 평각

4학년

각의 기본 단위는 180도이다. 180도를 똑같이 2개로 나눈 각의 크기를 직각 즉 90도라고 한다. 또한 1직각을 90개로 똑같이 나눈 것 중의 한 개의 크기를 1도라고 한다. 180도를 초등학교에서는 2직각이라고 표현한다. 하지만 평각平角이라는 말도 많이 쓰인다. 따라서 평각이라는 용어도 알아 두어야 한다. 참고로 90도와 180도는 각각 직각과 평각이라는 별칭이 있지만 270도와 360도는 별칭이 없다. 또한 $1°$의 $\frac{1}{60}$을 1분(기호로 ′), $1′$의 $\frac{1}{60}$을 1초(기호로 1″)라고 한다. 이러한 단위로 각의 크기를 재는 방법을 육십분법六十分法이라고 하는 것이다. 시간도 60분법으로 계산한 것이다.

둔각과 예각은 어렵다기보다는 용어가 좀 생소하고 아이들이 좀 헷갈려 한다. 교과서에 소개되어 있는 용어의 정의는 다음과 같다.

> 예각 직각보다 작은 각
>
> 둔각 직각보다 크고, 180도보다 작은 각

하지만 이와 같이 기억하면 조금 지나면 항상 헷갈린다. 글자의 의미를 알아야 쉽게 잊지 않는다. 예각銳角은 예리한 날카로운 각이라

하여서 붙여진 이름이다. 보기에 뾰족하고 예리한 각을 일컫는다. 또한 둔각鈍角이라는 말은 둔하거나 투박한 각을 의미하기 때문에 붙여진 이름이다. 보기에 예각보다 훨씬 둔하다. 이와 같은 관계를 그림으로 이해하면 더욱 쉽고 분명해진다.

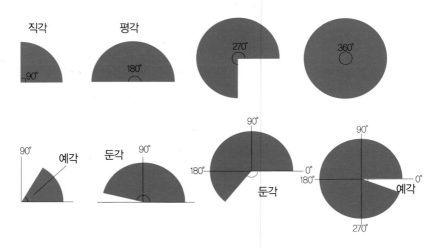

이와 같이 예각과 둔각 등이 확실히 이해되면 예각 삼각형과 둔각 삼각형의 개념은 자동적으로 이해할 수 있다.

예각 삼각형 세 각이 모두 예각인 삼각형

둔각 삼각형 한 각이 둔각인 삼각형

5학년 주요 개념

약수, 배수, 공약수, 공배수는 왜 배우는가

5학년 2단원에서 배우는 것이 약수와 배수이다. 약수와 배수뿐만 아니라 공배수와 공약수, 최대공약수와 최소공배수까지 배운다. 아이들은 죽을 지경이다. 생소한 용어가 무더기로 나오고 어렵기 때문이다. 때문에 왜 배우는 줄도 모르고 외우기에 급급해진다. 하지만 약수와 배수 단원을 이렇게 접근하면 절대 안 된다.

약수와 배수 공약수와 공배수 등을 왜 배워야 하는지 이유부터 알고 시작해야 한다. 약수와 배수를 배우는 이유는 간단하다. 분수의 덧셈과 뺄셈을 하기 위해서이다. 5단원에서 분수의 덧셈과 뺄셈 단원이 나오고 6학년에 가면 분수와 소수의 나눗셈 등이 나오는데 이런 부분에서 배수와 약수 개념을 모르면 문제를 풀 수 없기 때문에 약수와 배수 개념을 꼭 알아야 하는 것이다. 또한 공약수와 공배수는 분수를 통분하거나 약분하는 데 절대적으로 필요하기 때문에 배우는 것임을 기억해야 한다.

약수와 배수

배수 5를 1배, 2배, 3배, 4배 … 한 수. 즉 5, 10, 15, 20…을 5의 배수라고 한다. 즉 배
수는 곱한 수라고 할 수 있다.

약수 6을 1,2,3,6으로 나누면 나누어 떨어진다. 이때, 1,2,3,6을 6의 약수라고 한다. 즉
약수는 나누어 떨어지는 수라고 할 수 있다. 따라서 1과 자신은 반드시 포함된다.

이 약수와 배수를 이해하려면 반드시 곱셈과 나눗셈을 할 줄 알아
야 한다.

공약수와 공배수, 최대공약수와 최소공배수

공약수公約數는 말 그대로 공통으로 해당하는 약수를 가리킨다. 문
제를 통하여 개념을 알아보면 쉽다.

문제) 8과 12의 공약수를 알아보자.

　　　8의 약수 : 1, 2, 4, 8

　　　12의 약수 : 1, 2, 4, 6, 12

　　　8과 12에 공통으로 들어 있는 약수는 1, 2, 4인데 이것이 바로

　　　8과 12의 공약수라고 할 수 있다. 또한 공약수 중 가장 큰 4는

　　　8과 12의 공약수 중 가장 크다 하여서 최대공약수라고 한다.

왜 이런 최대공약수까지 알고 배워야 하는가?

예를 들어 $\frac{8}{12}$이라는 분수를 가장 간단한 분수로 나타내라고 한다

면 2로 나누면 $\frac{4}{6}$가 되어서 한 번 더 계산을 해야 하지만 8과 12의 최대공약수인 4로 나누면 한 번의 계산으로 $\frac{2}{3}$라는 결과가 나온다. 이런 쓰임새가 있기 때문에 최대공약수를 배우는 것이다.

공배수公倍數는 공통으로 해당하는 배수를 가리킨다. 이 배수 개념도 문제를 통하여 알아보자.

5학년

문제) 4와 6의 공배수를 구해 보시오.

    4의 배수 : 4,8,12,16,20,24,28,…

    6의 배수 : 6,12,18,24,30,36,42,…

    4와 6에 같이 있는 공배수는 12, 24, 36, … 등이다. 약수는 개수가 한정되어 있지만 공배수는 무수히 많다는 특징이 있다. 또한 4와 6의 배수 중에서 가장 작은 배수는 12이다. 이 12를 최소공배수라고 한다. 최대공배수는 알 수 없는 것이다. 이런 이유로 최소공배수는 있지만 최대공배수는 없는 것이고 배우지 않는 것이다.

이런 최소공배수는 왜 배워야 하는가? 분수의 덧셈과 뺄셈을 하는 데 있어서 반드시 필요하기 때문이다.

예를 들어 $\frac{2}{4}+\frac{5}{6}$를 계산하려면 분모인 4와 6의 최소공배수인 12로 분모를 통일시켜서 $\frac{6}{12}+\frac{10}{12}$으로 풀어야 한다. 이렇게 분수의 덧셈과 뺄셈에서는 최소공배수를 모르면 할 수가 없다.

선대칭 도형과 점대칭 도형

5학년 수학을 아이들이 가장 어려워한다. 그중에서도 이 선대칭과 점대칭 영역은 아이들이 가장 어려워하는 영역 중 하나이다. 가장 큰 이유는 생소한 단어가 너무 많이 나오기 때문이다. 점대칭 도형과 선대칭 도형이라는 말부터 시작해서 대칭축, 대응점, 대응변, 선대칭 위치에 있다와 같은 말들이 10개 이상 등장한다. 부모님 입장에서도 다시 내용을 꼼꼼히 들여다보지 않으면 문제를 풀다가 막힐 수밖에 없다.

이 영역에서는 등장하는 많은 용어에 대한 확실한 이해가 우선이다. 이 개념들만 이해하면 별로 어렵지 않게 해결될 수 있는 단원이기도 하다. 등장하는 개념들을 정리해 소개해 본다.

	선대칭 도형	점대칭 도형
정의	어떤 직선으로 접어서 완전히 겹쳐지는 도형을 **선대칭 도형**이라고 한다. 대칭축 : 직선ㄱㄴ 선대칭 도형이 아닌 것은 완전히 포개어지지 않는다. 	도형 안의 한 점을 중심으로 180° 돌렸을 때, 처음 도형과 완전히 겹쳐지는 도형을 **점대칭 도형**이라 하고, 그 점을 **대칭의 중심**이라고 한다. 대칭의 중심

	선대칭 도형	점대칭 도형
성질	선대칭 도형을 대칭축으로 접었을 때, 겹쳐지는 점을 대응점, 겹쳐지는 변을 대응변, 겹쳐지는 각을 대응각이라 한다. 점ㄴ의 대응점 → 점ㅁ 변ㄱㄴ의 대응변 → 변ㄱㅁ 각ㄱㄴㄷ의 대응각 → 각ㄱㅁㄹ	아래 그림과 같이 삼각형 ㄱㄴㄷ을 점ㅇ을 중심으로 180° 돌렸을 때, 삼각형 ㄹㅁㅂ에 완전히 포개어지면 두 삼각형 ㄱㄴㄷ과 ㄹㅁㅂ은 점ㅇ에 대하여 **점대칭의 위치**에 있다고 하며, 점ㅇ을 **대칭의 중심**이라고 한다. 이때, 점대칭의 위치에 있는 도형에서 대응점에서 대칭의 중심까지의 거리는 서로 같다.
그리기	① 점ㄴ에서 대칭축ㅁㅂ에 수선을 긋고, 대칭축과 만난 점을 점ㅅ이라고 한다. ② 이 수선에 선분 ㄴㅅ의 길이와 같도록 점ㄴ의 대응점 ㅇ을 찍는다. ③ ①②와 같은 방법으로 점ㄷ의 대응점 ㅈ을 찍는다. ④ 점ㄱ과 점ㅇ, 점ㅇ과 점ㅈ, 점ㅈ과 점ㄹ을 각각 이어 선대칭 도형이 완성되게 그린다. 	① 점ㄴ과 대칭의 중심 ㅂ을 지나는 직선을 긋는다. ② 이 직선에 ㄴㅂ의 길이와 같도록 점ㅅ을 찍는다. ③ ①②와 같은 방법으로 점ㄷ의 대응점 ㅇ과 점ㄹ의 대응점 ㅈ을 찍는다. ④ 점ㅁ과 점ㅅ, 점ㅅ과 점ㅇ, 점ㅇ과 점ㅈ, 점ㅈ과 점ㄱ을 각각 이어 점대칭 도형이 완성되게 그린다.

5학년

여러 가지 단위

초등학교에서 등장하는 단위에 대해서 확실히 이해하고 있어도 굉장한 수준이라고 할 수 있다. 초등학교에 등장하는 개념 중 헥타르와 같은 개념은 어른들도 잘 모른다. 일상 생활에서 잘 사용되지 않기 때문이다. 5학년이 되면 부피를 제외하고는 거의 모든 단위에 대해서 배우게 된다. 그러므로 단위에 대해 정리해 둘 필요가 있다.

여러 가지 단위가 만들어진 기원을 보면 왜 우리가 이 단위를 사용하게 되었는지 쉽게 이해할 수 있다. 마치 이것은 국사나 세계사를 배울 때 딱딱한 역사적 사실과 연도만을 외우는 것보다 야사를 곁들여서 외우면 훨씬 더 잘 외워지는 이치와 같다.

구분	단위
길이	밀리미터, 센티미터, 미터, 킬로미터
무게	킬로그램, 그램
들이	리터, 데시리터, 밀리리터
넓이	제곱센티미터, 제곱미터, 제곱킬로미터, 아르, 헥타르
부피	세제곱센티미터, 세제곱미터
온도	섭씨온도
시간	시, 분, 초, 일, 주, 달

피트와 야드

서양에서 흔히 쓰는 길이의 단위는 피트와 야드다. 세계적으로는 미터법을 쓰고는 있지만, 아직도 피트와 야드를 길이의 단위로 쓰고 있다. 그런데 피트나 야드는 어떤 것을 근거로 하여 정해졌을까?

옛날 로마 사람들은 길이를 재는 단위가 없었을 때 흔히 자기 신체의 길이를 단위로서 사용했다. 그러나 사람마다 크기가 다르므로 불편한 점이 적지 않았다. 그러자 어느 임금님이 백성들에게 좋은 아이디어를 공표했다.

"백성 여러분, 이제부터는 길이에 대하여 서로 다툴 필요가 없다. 이제부터는 짐(임금님이 자신을 일컫는 말)의 발가락 끝에서 뒤축 끝까지의 길이를 기본 단위로 사용할 것이다."

그러자 백성들은 모두 기뻐했다. 그러나 그 임금님이 돌아가시고 다른 임금이 자리에 오르자 소동이 벌어지고 말았다. 새로운 임금의 발은 엄청나게 컸기 때문이다. 이제 다시 길이의 단위가 바뀌게 되었다. 구둣방은 구둣방대로, 목수는 목수대로, 양복점은 양복점대로 난처한 지경에 빠지게 되었다. 그래서 '발'을 가리키는 말인 푸트foot가 길이의 단위가 되었는데, 이것을 피트feet라고도 부른다. 현재의 미터법으로 바꾸면 약 30센티미터가 된다.

다음은 야드나 인치에 대하여 살펴보자. 역시 길이의 단위인데, 미식축구 방송을 통해 흔히 들어온 말이다. 1야드라는 길이는 지금으로부터 800여 년 전 영국의 헨리 1세라는 임금이 정해 놓은 것이다. 이 왕의 코에서부터 한쪽 팔을 쭉 뻗은 손가락 끝까지의 거리를 길이의 단위로 삼은 것이다. 약 91센티미터가 된다. 그리고 인치의 길이는 어른 엄지손가락 길이를 말하는데 약 2.5센티미터다. 옛날 피라미드와 스핑크스를 만든 이집트인의 길이의 단위는 팔꿈치에서 손가락 끝까지의 길이였는데 이것은 큐빗이고 약 50센티미터쯤 된다. 이 단위는 성경 구약에 규빗이라는 말로 자주 등장한다.

옛날 우리 나라에서는 길이의 단위로 '뼘', '발' 등을 사용했는데, '뼘'은 엄지와 인지를 쭉 폈을 때의 길이(약 20㎝)이며, '발'은 두 팔을 잔뜩 벌린 길이를 말한다.

6학년 주요 개념

각기둥과 각뿔이란

6학년 도형 영역에서는 주로 입체 도형을 배운다. 초등학교에서 배우는 도형에 관한 내용을 표로 정리하여 알고 있으면 기억하기 쉽다.

도형				점, 꼭지점
도형	평면도형	점		점, 꼭지점
		선		• 곧은 선(선분, 직선) • 굽은 선(곡선)
		다각형		• 삼각형(정삼각형, 이등변 삼각형, 직각 삼각형, 예각 · 둔각 삼각형) • 사각형(직사각형, 정사각형, 평행사변형, 마름모, 사다리꼴) • 오각형, 육각형, 팔각형
		원		
	입체도형	면		
		기둥	각기둥	삼각기둥, 사각기둥, 오각기둥, 육각기둥, 팔각기둥
			원기둥	
		뿔	각뿔	삼각뿔, 사각뿔, 오각뿔, 육각뿔, 팔각뿔
			원뿔	
		구		

초등학교의 도형 영역은 위 표에 나와 있는 내용이 전부이다. 이 내용을 머릿속에 체계적으로 잘 기억하고 있으면 혼란스럽지 않다. 하지만 위와 같이 체계적으로 기억하지 못하면 항상 헷갈린다.

특별히 입체 도형은 초등학교 과정 중 6학년에서 다 배우게 된다. 하지만 교과서에 나와 있는 개념이 만족스럽지 못한 부분이 있기 때문에 보충 지도를 해야만 한다. 교과서에 소개되어 있는 내용 중 개념을 보다 명확하게 정리해야 할 부분을 지적하면 다음과 같다.

교과서에 등장하는 각기둥의 정의
그림과 같이 위와 아래에 있는 면이 서로 평행이고 합동인 다각형으로 이루어진 입체 도형을 각기둥이라고 한다.

→ 좀더 정확하게 다음과 같이 정의할 필요가 있다
위와 아래에 있는 면(밑면)이 서로 평행이고 옆면이 합동인 직사각형으로 둘러싸인 입체 도형을 각기둥이라고 한다. 왜냐하면 각기둥의 옆면은 항상 직사각형이기 때문이다.

교과서에 등장하는 각뿔의 정의
아래 그림과 같은 입체 도형을 각뿔이라고 한다.

164

→ 좀더 정확하게 다음과 같이 정의할 필요가 있다

교과서에는 각뿔의 개념조차 소개가 잘 안 되어 있다. 하지만 각뿔은 다음과 같이 개념 정리를 해 둘 수 있다. 한 개의 밑면이 다각형이고 옆면이 이등변 삼각형으로 둘러싸인 뿔 모양의 도형을 각뿔이라고 한다.

위 정의 속에 각뿔의 모든 개념이 녹아 들어가 있다. 밑면이 한 개이고 옆면의 모양은 이등변삼각형이라는 사실 등이 다 포함되어 있는 것이다.

교과서에 등장하는 원뿔의 정의

그림과 같이 밑면이 원이고 옆면이 곡면인 뿔 모양의 입체 도형을 원뿔이라고 한다.

6학년

→ 좀더 정확하게 다음과 같이 정의할 필요가 있다

좀 모호하게 설명된 측면이 있다. 원기둥과 원뿔의 가장 큰 차이점은 밑면이 원기둥은 2개이고 원뿔은 1개라는 점이므로 이 점을 강조해서 다음과 같이 정의해 볼 수 있다. 한 개의 밑면이 원이고 옆면이 곡면인 뿔 모양의 입체 도형을 원뿔이라고 한다.

교과서에 등장하는 원기둥의 정의

그림과 같이 위와 아래에 있는 면이 서로 평행이고 합동인 원으로 되어 있는 입체 도형을 원기둥이라고 한다.

→ 좀더 정확하게 다음과 같이 정의할 필요가 있다

원기둥에서 옆면에 대한 언급이 빠져 있다. 원기둥은 다음과 같이 개념 정리를 해 둘 수 있다. 두 개의 밑면이 서로 합동이고 평행이며 옆면이 곡면으로 둘러싸인 입체 도형을 원기둥이라고 한다.

부피, 들이, 무게의 비교

6학년 1학기 2단원에서 겉넓이와 부피를 배우면서 부피와 들이를
배우게 된다. 하지만 아이들이 많이 혼란스러워한다. 사실 어른들도
부피와 들이를 정확하게 구분할 줄 모르는 경우도 많다.

부피와 들이를 같이 배우는 이유는 이들이 서로 연관이 깊기 때문
이다. 하지만 책에서는 부피와 들이의 명확한 개념 설명 없이 부피와
들이의 단위인 ㎤(세제곱센티미터)와 mL를 소개하고 있을 뿐이다.
서로 다른 개념이고 다른 단위를 쓰고 있음에도 불구하고 아이들은
구별하지 못하고 혼란스러워 한다. 아이들 책임이라기보다 교과서
자체가 명확하게 설명해주지 못하는 측면이 크다.

6학년에서는 부피를 배우지만 이미 4학년 때 배운 무게와도 같이
비교하면 이해가 더 쉽고 수학적인 이해가 깊어질 수 있다. 다음 표
를 통하여 부피와 들이와 무게의 관계를 알아보자.

구분	개념	단위	주 사용처	비교
부피	공간 개념	㎤(세제곱센티미터)	수학적 계산	1㎤ = 1mL
무게	무게 개념	g(그램)	일반적인 무게표시	1g = 1㎤

물을 예로 들어 설명하면 더욱 명확해진다.

다음과 같이 가로, 세로, 높이가 1㎝인 그릇이 있다고 해 보자. 이
그릇이 공간에서 차지하는 점유 공간이 바로 부피이다. 이때 사용되

는 물은 보통 물이 아니라 순수한 물(증류수)이어야 하고, 온도도
3.98°C이어야 한다.

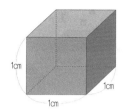

부피 개념은 수학적 계산에서 많이 사용되고 일상 생활에서는 거
의 사용되지 않지만 무게 단위는 일상 생활에서도 많이 쓰이고 있다.

원주, 원주율$_\pi$이란

부모님들의 머리에 남아 있는 수학 공식이 몇 개 안 되지만 그중에
하나가 바로 원의 넓이 공식(반지름×반지름×3.14)일 것이다. 또한
3.14는 원주율이라고 하며 중고등학교에서 배울 때는 π(파이)라고
불렀다. 하지만 정작 원주가 무엇이고 원주율이 정확히 무엇인지는 잊
었을지도 모른다.

원주는 한자로 나타내면 圓둥글원周둘레주이다. 우리말로 하면 원둘
레인 것이다. 이렇게 쉬운 것을 생소하게 한자를 써서 원주로 나타내
었으니 배울 때부터 단어 자체가 생소하여 헷갈리기 시작하는 것이다.

이것에 더해서 원주율과 같은 단어가 등장하여 아이들을 더욱 괴롭

한다. 원주율은 원주(원둘레)에 대한 반지름의 비율이라 할 수 있다. 이 비율을 계산해 보았더니 3.141592653589793238462643383279… 나왔다고 한다. 어떤 수학자는 이것만 평생 계산하다 죽었다고 하니 굉장히 중요한 수치임에는 분명하다. 현재에도 샌프란시스코에서는 매년 3월 14일 1시 59분에 원주율 탄생을 기념하는 축하 행사를 벌인 다고 하니 수학에서 정말 중요한 수임에는 분명한 듯하다. 지금도 컴 퓨터로 계산되고 있다. 실제로 1992년 일본 도쿄대학에서는 실제로 컴퓨터로 소수점 32억 2000만 자리까지 구했다고 한다. 아직까지는 원주율이 무한 소수로 알려져 있다. 때문에 소수 셋째 자리에서 반올 림하여 초등학교에서는 3.14로 계산을 하고 있다.

여기서 또 의문이 남는 것이 초등학교 때는 내내 3.14로 원주율을 계산하다 중학교 가면 왜 갑자기 π(파이)로 바뀌는가 하는 점이다. 이것에 대해 이유를 가르쳐 주는 사람도 없으니 나름대로 생각하기 는 중학교 왔으니 좀더 세련되게(?) 영어로 배우는가 보다 라고 생각 하고 지나간다. 얼마나 순진한 생각인가?

하지만 내막을 알고 보면 의외로 간단하다. 원주율을 π(파이)로 나타내는 까닭은 둘레를 뜻하는 그리스어의 머리글자가 π(파이)로 시작하기 때문이다. 초등학교 때는 곱셈 능력도 늘릴 겸 3.14로 직접 계산을 하지만 중학교 가면 굳이 계산할 필요를 느끼지 못하기 때문 에 계산하지 않고 π(파이) 상태로 두고 계산은 하지 않는 것이다. 미 국 등에서는 초등학교에서도 π(파이)를 3.14로 계산하지 않고 우리 중고등학교처럼 한다. 일본은 원주율 3.14로 계산하는 것이 복잡하다고 해서 3으로 계산한다. 이것 때문에 일본의 많은 아이들이 원주율 값을 3으로 잘못 알고 있다고 하여 원주율 값을 고쳐야 한다는 목소리가 힘을 얻고 있다고 한다.

원의 넓이

6학년

　원의 넓이에 대하여 알아보기 전에 먼저 삼각형 넓이를 구하는 방법에 대하여 알아보자. 뜬금없이 원의 넓이에서 삼각형 넓이를 언급하는지 의아해할지도 모른다. 하지만 원의 넓이 내는 방법에 대해 이해하기 위해서는 삼각형 넓이 내는 과정과 평행사변형 넓이 내는 과정을 이해해야 한다.

　삼각형의 넓이 공식은 5학년만 되어도 외우고 있다.

　삼각형 넓이 = 밑변×높이÷2 이라고 잘 알고 있다. 또한 평행사변형도 마찬가지로 평행사변형 넓이 = 밑변×높이라고 잘 알고 있다. 하지만 이 공식들의 결과는 잘 알고 있지만 과정은 대부분 잘 모른다. 이 공식의 결과는 다음 그림을 보면 이해가 쉽게 간다.

이 그림에서 보면 평행 사변형은 한 쪽을 잘라서 옮기기만 하면 금새 직사각형 모양으로 변신되어서 쉽게 넓이를 구할 수 있다는 것을 알 수 있다.

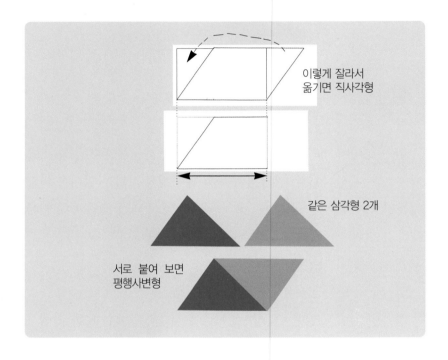

이렇게 잘라서 옮기면 직사각형

같은 삼각형 2개

서로 붙여 보면 평행사변형

또한 삼각형은 삼각형 2개를 붙여 놓으면 평행사변형이 된다. 평행사변형의 넓이는 밑변×높이로 구할 수가 있다. 평행사변형 모양처럼 된 삼각형 1개의 넓이는 평행사변형 넓이의 반이므로 삼각형의 넓이는 밑변×높이÷2가 되는 것이다.

위 과정에서 의문을 품을 만한 사실이 있는데, 왜 하필 삼각형과 평행사변형 넓이를 구하는데 왜 사각형 모양으로 변형시켜서 복잡하게 구하느냐는 사실이다.

그 원인은 우리가 쓰는 넓이의 단위 즉 1㎠ (제곱센티미터)나 1㎡ (제곱미터) 자체가 가로 세로가 1㎝나 1m인 정사각형의 넓이를 의미하기 때문이다. 때문에 이 단위를 적용해서 넓이를 구하기 위해서는 구하고자 하는 대상을 네모 즉 사각형 모양으로 변신시켜 주어야 하는 것이다. 때문에 평행사변형을 직사각형으로 변신시켜서 넓이를 구한다. 또한 삼각형을 평행사변형으로 변신시켜서 삼각형 넓이를 구하는 것이다.

이와 같이 평행사변형이나 삼각형도 그 자체로는 넓이를 구할 수 없기 때문에 사각형 모양을 만들어 넓이를 구하듯이 원도 마찬가지 원리가 적용된다. 원의 모양 그대로 두고는 넓이를 구할 수가 없기 때문에 원을 사각형 모양으로 변신시켜야 한다. 어떻게 변신시켜야 하는가? 다음 그림을 보면 궁금증이 해결된다.

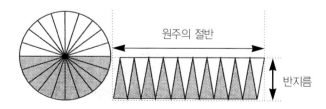

이 그림처럼 원을 아주 잘게 쪼개서 조각을 서로 엇갈리게 붙이다 보면 직사각형 모양이 된다. 원이 직사각형으로 변신한 것이다. 이런 과정을 통해 변신한 직사각형의 넓이는 쉽게 구할 수 있다. 직사각형의 넓이 = 가로×세로이니까 위 그림상에서 '가로 = 원주'의 절반 이고 '세로 = 반지름'이니 다음과 같은 과정을 통하여 원의 넓이를 구할 수 있겠다.

직사각형의 넓이(원의 넓이) = 가로(원주의 절반)×세로(반지름)
원의 넓이 = 원주의 $\frac{1}{2}$× 반지름
원주는 지름×3.14이므로 대입해 보면
원의 넓이 = 지름×3.14×$\frac{1}{2}$×반지름
여기서 지름×$\frac{1}{2}$은 반지름에 해당되므로 식을 정리하면 다음과 같다.
원의 넓이 = 반지름×반지름×3.14 가 되는 것이다.

이와 같은 과정을 통하여 원의 넓이를 구하는 공식이 탄생했다는 사실을 잘 알고 있다면 고등수학으로 가서도 도형 영역을 원리 중심으로 이해할 수 있게 되고 수학 실력으로 자리잡게 되는 것이다.

등식의 성질

초등학생뿐 아니라 중학생들에게 다음과 같은 문제를 풀라고 하면 어떻게 풀까?

☐ - 12 = 25

아마 정답은 37이라고 누구나 쉽게 대답한다. 하지만 어떻게 그런 정답이 나왔냐고 물으면 가관이다. 대부분 아이들이 □=25+12로 하면 37이 된다고 하는데 왜 그렇게 풀었냐고 물으면 12가 오른쪽으로 넘어가면 마이너스(빼기)가 플러스(더하기)로 바뀌기 때문이라고 답한다. 어처구니 없는 답변이다. 이렇게 대답하는 학생은 등식의 성질을 제대로 배우지 못했거나 배웠다 하더라도 원리는 잊어버리고 편법만 기억하는 것이다.

이 문제를 정확히 이해하기 위해서 등식의 성질을 정확히 이해해야 한다. 등식의 성질을 말하기 전에 등식이 무엇인가부터 알아보자.

6학년

아이들에게 '=' 의 이름이 무엇이냐고 물어보면 고학년들도 반 이상이 '는' 이라고 대답한다. 아이들다운 대답이라고 웃어 넘겨야 할지 슬퍼해야 할지 모르겠다. 이 아이들에게는 항상 2+4=6과 같은 식을 항상 (2 더하기 4는 6) 이라고 읽었으니 '=' 를 '는' 이라고 알고 있는 것이 당연할지도 모른다. 하지만 엄연히 '=' 의 이름은 '등호' 이다. 이 등호의 반대 개념(?) 되는 것이 부(不)등호이다. 2+3 =□의 답을 4라고 답하면 왜 틀리는가? 바로 왼쪽은 계산 결과가 5인데 오른쪽에는 4라고 썼기 때문이다. 이것을 옳게 고치는 방법은 2 + 3 = 5라고 고치는 방법도 있지만 2 + 4 〉5로 고칠 수도 있는 것이다. 또한 이 등호가 들어간 식을 등식이라고 한다.

이 이름보다 더 중요한 것이 이 등호의 의미이다. 등호는 등호를 기준으로 왼쪽(좌변)과 오른쪽(우변)이 같다는 의미를 지니고 있다.

또한 이 등호가 들어간 등식은 아주 중요한 성질을 가지고 있는데 다음과 같다.

> **등식의 성질**
> 등식의 양변(좌변과 우변)에 같은 수를 더하거나 빼거나 곱하거나 나누어도 그 등식은 변하지 않는다. (단 0으로 나누는 것은 제외)

예를 들어 2+3=5라는 식에서 왼쪽과 오른쪽에 똑같이 3씩 더해보자. 그러면 식은 2+3+3=5+3으로 변한다. 하지만 이것은 수학적으로 여전히 참이다. 또한 왼쪽과 오른쪽에 3을 빼거나 곱하거나 나누어도 식은 수학적으로 참이다. 이것이 바로 너무나도 중요한 등식의 성질이다.

다시 이야기를 앞으로 돌려서 처음 문제 □-12=25로 돌아가 보자. 이 문제는 등식의 성질을 알고 있어야만 제대로 풀 수 있다.

> □-12=25
>
> 우리가 알고자 하는 값은 □이므로 위 식에서 왼쪽과 오른쪽에 12를 더해보면 다음과 같이 식이 변형된다.
>
> □-12+12=25+12
>
> 이것을 정리하면
>
> □=25+12
>
> 따라서 □=37이라는 결과가 나온다.

위 풀이 과정을 보면 아이들이 말하는 왼쪽에 있던 -12가 오른쪽으로 넘어가면서 +12로 변한다는 말이 편법이라는 것을 알 수 있다. 즉 위에서 밑줄친 과정을 생략하면 결과적으로 아이들 말처럼 되는 것처럼 보이는 것이다. 하지만 그것은 결과는 같지만 절대 수학적인 방법이 아님을 알고 있어야 한다. 원리를 정확히 알고 있으면서 빠른 계산법을 사용하는 것은 괜찮지만 원리를 정확히 알지 못하면서 편법만을 사용한다면 고등 수학에서 한계에 부딪칠 수밖에 없다.

다음과 같은 식을 생각해 보자.

6학년

문제) 다음 식에서 □의 값을 구하시오.

$$10+☆-7=□+☆$$

아마 이 식은 등식의 성질을 모르는 아이들은 헤매기 딱 좋은 문제이다. 하지만 등식의 성질을 제대로 이해하고 있는 아이라면 다음과 같이 쉽게 해결할 수 있다.

$$10+☆-7=□+☆$$

$$10+☆-7-☆=□+☆-☆$$

$$10-7=□$$

$$3=□$$

따라서 정답은 3이다.

6학년 어린이들의 수학에 대한 말, 말, 말

내가 학년이 올라갈 때마다 수학 너도 같이 자라면서 점점 어려워지면서 날 힘들게 하는 것 같아. 김현주

수학아 넌 왜 있냐? 너 때매 돌아버려. 수학 만든 사람이 누구냐? 계산기로 해도 정말 귀찮아. 배워도 배워도 생각을 해내기가 어려워. 언제나 골 때리는 수학이 싫다. 이승환

수학 중 가장 어려운 부분은 도형이다. 도형만 생각하면 진짜 짜증나고 정말 쌓기나무는 뭐가 어떻게 되는지 모르겠다. 서은진

수학아! 나는 요즈음 중학교 수학, 6학년 수학을 동시에 배워서 너무 혼란스러워. 정서영

수학만 생각하면 너무 머리가 아프고 너무 졸려. 너의 시간만 오면 40분이 꼭 하루 같아. 다른 시험 점수 잘 받아도 너 때문에 평균 점수 낮아지고 정말 짜증나고 화가 나. 강민아

재미있고도 어려운 도형 문제를 풀면 너무나도 즐거워. 언제나 어려운 문제가 있지만 끈기와 인내를 가지고 문제를 풀면 정말 뿌듯해. 정철환

수학아 너는 내 생각에 엄청난 재주를 가지고 있는 것 같아. 심술궂게 어렵게 문제를 만들어 괜히 아이들 머리를 아프게 하거나 시험 점수 낮게 만들어 부모님한테 혼나게 하는 능력과 쉬운 문제로 아이들 기분을 좋게 만들거나 부모님한테 칭찬 받고 용돈 받게 만드는 능력을 가졌잖아. 임유택

(※아이들 이름은 가명입니다)

5부
학년별
초등수학
핵심

우리 아이 수학 천재로 착각하게 만드는 1학년 수학

초등학교에 아이를 처음 입학시키고 학부모들이 가장 걱정하고 궁금해하는 과목이 국어와 수학이다. 1학년 수세기와 덧셈, 뺄셈 개념이 처음 확립되는 시기이므로 매우 중요한 시기라고 볼 수 있다. 특히 수와 연산 부분에 학부모들의 관심이 쏠리게 된다. 그러나 수와 연산뿐만 아니라 각 영역, 단계별로 기초적인 지식이 확립되는 시기이므로 각 영역을 잘 살펴보아야 한다.

1학년 1학기 때에는 수학이 기초적인 단계이므로 아이들과 학부모 모두 흥미를 느끼고, 상대적으로 쉽게 느끼는 과목으로 여긴다. 생활에서 직접 경험해 본 1부터 9까지의 수세기와 한 자리 수의 덧셈과 뺄셈을 열 손가락을 이용하여 풀 수 있는 간단한 문제들로 1학년 1학기를 마무리하게 된다. 그러므로 1학기 때에는 대부분의 학부모님들은 우리 아이가 수학을 잘한다고 생각한다.

그러나 2학기가 되면서부터는 학부모님들의 생각이 조금씩 달라지기 시작한다. 수와 연산 부분에서 특히 문제가 발생하는데 100까지의 수 읽기부터 시작하여 두 자리 덧셈과 뺄셈 문제가 나오고, 더불어 문장제 문제들이 나오기 시작하면서 학부모님들은 상담을 요청하거나 학원을 보내기 시작한다. 부모님들은 아무리 설명해도 이해하지 못하는 아이를 보며 답답해하기도 하고, 손가락으로 해결되지 않는 부분의 두 자리 수 덧뺄셈 개념을 받아들이지 못하는 아이를 보며 지도의 한계를 느끼게 된다. 그러면서 2학년이 되면 점점 더 어려워진다며 1학기 말부터 수학 학원을 찾는 학부모들의 숫자가 부쩍 늘어난다. 이런 현상의 문제는 무엇일까? 우리 아이의 이해력이 떨어지는 것일까? 갑자기 수학이 어려워지는 것일까? 그렇지 않다. 부모님이 수학 체계를 잘 알고 대처하면 아이들은 얼마든지 재미있게 수학을 배워갈 수 있다.

1학년 수학 내용은 어렵지 않다. 유치원이나 가정 등에서 이미 다 배워서 알고 있는 내용이다. 총13개 단원 중에서 8개 단원이 수와 연산 단원이다. 나머지 단원도 간단한 도형 익히기와 시계 보기 정도이다. 부모들이 조금만 지혜를 발휘한다면 아이들은 아주 재미있게 수학을 접할 수 있다. 실제로 1학년 아이들은 수학을 무척 재미있고 쉽게 생각한다. 이렇게 재미있게 생각하던 수학을 고학년으로 가면 왜 그렇게도 어렵고 재미없다고만 생각하는지 같이 고민해 볼 문제이다.

수와 연산

1학년에서 가장 중요한 영역은 누가 뭐래도 수와 연산 영역이다.

영역 및 단계		내용
수와 연산	1학기	• 5까지의 수 • 9까지의 수 • 더하기와 빼기 • 50까지의 수
	2학기	• 100까지의 수 • 10을 가르기와 모으기 • 덧셈과 뺄셈(1) • 덧셈, 뺄셈의 활용
도형	1학기	• 여러 가지 모양 (입체 도형의 모양 – 공 모양, 상자 모양, 둥근 기둥 모양)
	2학기	• 여러 가지 모양 (평면 도형의 모양 – 세모, 네모, 동그라미 모양)
측정	1학기	• 비교하기(길이, 높이와 키, 무게, 넓이, 들이 비교)
	2학기	• 시계(몇 시, 몇 시 30분 정확하게 읽기)
자료와 가능성	1학기	
	2학기	
규칙성	1학기	
	2학기	• 규칙 찾기 • 규칙 만들어 무늬 꾸미기 • 수 배열표에서 규칙 찾기

수와 연산 영역은 초등학교 수학의 핵심이기도 하다. 초등학교에서 배우는 수 범위는 자연수, 분수, 소수가 전부이다. 이 수 중에서 자연수는 우리 일상 생활과 너무 밀접한 관련이 있고 그렇기 때문에 가장 먼저 배운다. 3학년 때까지 이 자연수와 자연수의 사칙연산에 대해

줄기차게 배우게 된다. 어찌보면 3학년까지의 수학 실력은 자연수의 이해와 사칙연산을 잘하느냐 못하느냐에 달렸다고 해도 과언은 아니다. 따라서 1학년 때 잘 배워 두면 3학년까지는 수학을 어렵지 않게 갈 수 있다.

연산 부분은 개념 이해도 중요하지만 반드시 숙달이 필요하다. 따라서 1학년 때는 가급적 연산 훈련을 어느 정도 시킬 것을 권장한다. 이때 형성되는 연산 속도나 습관은 고학년까지 영향을 준다. 따라서 연산을 정확하고 빠르게 하는 훈련이 필요하다. 물론 교과서에 등장하는 수준을 해결하는 데 많은 시간이 걸리는 것은 절대 아니다. 때문에 연산의 빠르기 훈련을 간과하기 쉽다. 하지만 분명한 사실은 고학년으로 갈수록 연산의 빠르기와 정확성은 수학의 중요한 경쟁력이 된다는 것을 명심하자.

대부분의 아이들이 2학기 말에 있는 수학 평가를 해 보면 문장제 문제에서 많이 실수하고 틀린다. 계산 실수, 문제를 잘못 읽는 실수, 어려워서 아예 손을 대지 못하는 등 그 이유도 다양하다. 하지만 이러한 실수를 잘 분석해 보면 기초적인 수 개념이 잘못 형성되어 있는 경우가 많다. 특히 수와 연산 부분에서 더하기와 뺄셈의 개념이 잘 잡히지 않거나, 충분히 습득되지 않으면 2학기가 되어도 손으로 하나씩 세면서 두 자리 수의 덧뺄셈 공부를 하는 경우가 많다. 그러므로 1학기 때 구체적인 사물을 통해 먼저 수세기와 덧뺄셈을 간단히 익히고, 그것을 문제를 통해 충분히 습득한 후에 2학기를 맞이하는 것이 좋다.

9까지의 수 1학기 1단원

1학년 수학의 1단원 내용은 그야말로 유치원 수준이다. 이 내용을 모르는 아이들은 거의 없다. 따라서 아이들은 너무 쉽게 생각한다. 다만 이 단원들에서 주의해야 할 점은 숫자를 쓰는 순서와 서수이다. 숫자를 쓰는 데 쓰는 순서에 맞지 않게 이상하게 쓰는 아이들이 종종 있다. 처음 습관을 들일 때 잘못 들인 결과이다. 이런 아이들은 바로 잡아 줄 필요가 있다. 또한 기수는 잘 알지만 서수는 잘 모르는 아이들이 있다. 집에서 부모님과 같이 연습을 할 필요가 있다.

문제1) 다음 왼쪽의 그림을 세어 보고, 하나 더 적게 O를 그리시오.

문제2) 다음 □ 안에 알맞은 말을 차례대로 쓰시오.

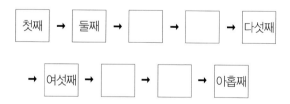

모으기와 가르기, 10을 가르기와 모으기 1학기 3단원

모으기와 가르기는 왜 배우는지를 먼저 이해해야 한다. 모으기와 가르기는 덧셈과 뺄셈을 배우기 위한 필수 과정이기 때문이다. 그래서 더하기와 빼기 바로 앞 차시에 배치한 것이다. 1학기에는 한 자리 수의 덧셈과 뺄셈을 배우기 때문에 한 자리 수의 모으기와 가르기를 배우고 2학기에는 두 자리 수의 뺄셈이 등장하기 때문에 10이라는 두 자리 수의 가르기와 모으기에 대해 배운다.

모으기와 가르기를 잘하는 아이들은 덧뺄셈도 잘한다. 하지만 모으기와 가르기를 못하는 아이들은 덧뺄셈도 못한다. 가정에서 바둑돌을 이용하여 모으기와 가르기를 연습해야 한다. 문제 풀기 전에 구체물을 가지고 충분히 조작 활동을 해 보아야 한다. 이런 과정을 거친 후에 가정에서는 모으기와 가르기를 하면 된다. 예를 들어 9를 가르기 한다고 해 보자. 엄마가 3을 하면 아이는 6을 하고 엄마가 2를 하면 아이는 7을 소리내어 말할 수 있어야 한다. 이런 연습을 가정에서나 차 안에서 심심할 때 하면 아이의 실력이 좋아진다. 이런 과정을 거친 후에 비로소 종이에 쓰는 연산 훈련에 돌입하면 좋은 결과를 얻을 수 있는 것이다.

문제) 다음 안에 들어갈 수 없는 수는 어느 것입니까? (   )

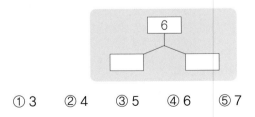

① 3   ② 4   ③ 5   ④ 6   ⑤ 7

더하기와 빼기 1학기 3단원, 2학기 2, 4, 6단원

1학년 1학기 때 등장하는 연산은 비교적 간단하다. 하지만 교육과정이 바뀌면서 두 자리 수의 덧셈과 뺄셈이 등장한다. 그렇기 때문에 1학기 때 기본적인 덧뺄셈에서 실수가 나오지 않도록 지도해야 한다. 특히 받아올림과 내림이 있는 덧뺄셈은 1학년 때는 한 자리 수의 받아올림과 내림 정도를 배운다. 받아올림은 2학년 때 본격적으로 배우기 시작한다. 2학년에서는 모두 네 단원에 걸쳐 세 자리 수의 덧뺄셈까지 배우게 된다. 그만큼 점점 연산이 강화되는 것이다.

1학년 연산에서 가장 중요한 것은 구체물로 수의 덧뺄셈 개념을 정확하게 익히는 것이다. 특히 뺄셈에서 실수가 많은데, 덧셈 훈련보다는 뺄셈 훈련을 시키는 것이 더욱 좋을 것이다.

1학년 1학기에 쉬운 한 자리 수의 연산만 하다가 2학기 후반쯤 배우는 두 자리 수의 연산이 나오면 싫증을 내기 시작하는 아이들이 있는데, 아이들 책임이라기보다는 무한정 반복시키려는 부모나 교사의 책임이 크다.

2학기 4단원에서는 한 자리 수의 덧셈과 뺄셈을 세 수를 가지고 해 본다. 이때 아이들이 앞에서부터 풀 수 있도록 지도해야 한다. 예를 들면 2 + 5 - 3이 있는 경우 2+5를 먼저 하고 3을 빼야 하는데, 먼저 2에서 3을 빼고 다시 5를 더하려고 하니 답이 나오지 않는 경우도 있다. 반드시 순서대로 혼합계산을 풀 수 있도록 지도한다. 즉 덧셈의 경우에는 순서를 바꿔도 상관없지만 뺄셈의 경우에는 숫자의 순서를

바꾸면 계산이 되지 않는다는 것을 꼭 유념시켜야 한다.

두 자리 수의 덧뺄셈은 자릿수의 개념을 확실히 익혀야 실수 없이 풀 수 있다. 먼저 두 자리 수와 한 자리 수의 덧뺄셈을 충분히 연습시킨 후에 두 자리 수끼리의 덧뺄셈을 풀게 해야 한다. 특히 이때 가로셈보다는 세로셈의 계산이 훨씬 효과적이다. 이를 통해 십진법에 의한 덧셈 과정과 뺄셈 과정을 이해할 수 있다.

6단원에서 나오는 받아올림과 받아내림의 경우에는 (몇) + (몇) = (십몇)이 되는 덧셈 방법과 (십몇) - (몇) = (몇)이 되는 뺄셈 방법을 배운다. 이때 덧셈의 경우 더해지는 수를 10을 먼저 만들어 주고 나머지 수를 더하는 방식으로 설명한다. 뺄셈의 경우에는 십몇을 우선 10과 나머지 수로 분해한 후 10에서 몇을 뺀 수와 나머지 수를 더하는 방식으로 풀도록 지도해야 한다.

받아올림과 내림의 경우에는 손가락을 사용하여 풀 수 없으므로 기초가 부족한 아이들은 포기하는 경우까지 생긴다. 만약 받아올림과 내림이 잘 안 되는 아이라면 문제 옆에 그림을 그린 후 풀어보게 하는 과정을 거치면 이해가 더욱 빨라질 수 있다.

문제1) 다음 덧셈식을 보고, 뺄셈식을 2가지 만드시오.

$$2 + 6 = 8$$

(1) (   )

(2) (   )

문제2) ☐ 안에 알맞은 수를 넣으시오.

14 − 5 − 7 = ☐

50까지의 수, 100까지의 수 1학기 5단원, 2학기 1단원

1학년 때는 1부터 99까지 배운다고 생각하면 된다. 물론 100을 배우기는 하지만 세 자리 수는 2학년 때 배운다. 100은 99 다음 수가 100이라는 것 정도와 10이 10개 모이면 되는 수 정도로 이해하면 된다. 1부터 99까지 수에 대해 순서대로 세기는 물론 기본이다. 순서대로 세기도 여러 가지 방법으로 셀 필요가 있다. 기본 수 세기는 하나, 둘, 셋… 또는 일, 이, 삼, 사… 뿐만 아니라 첫 번째, 두 번째, 세 번째… 등과 같이 다양한 방법으로 셀 줄 알아야 한다.

또한 이렇게 기본 수 세기가 완벽해지면 뛰어 세기 연습도 필요하다. 이것은 엄마와 같이 재미있게 차 속에서 쉽게 할 수 있는 놀이이다. 10씩 뛰어 세기, 5씩 뛰어 세기부터 시작해서 더 어려운 단계로 넘어가면 된다. 이 뛰어 세기는 나중에 곱하기의 기본이 되므로 많이 해 볼 수록 아이의 수 개념 확장에 도움이 된다.

뛰어 세기와 더불어 많이 연습해야 할 것은 99까지의 수를 가지고 가르기와 모으기 하기이다. 이것을 많이 하면 할수록 덧뺄셈에 큰 도움이 된다. 1학년 수준에서 20을 넘어가는 가르기와 모으기는 버거우므로 20 이내의 수를 가지고 가르기와 모으기를 하는 것이 좋다.

문제1) 다음 □안에 알맞은 수를 쓰시오.

    (1) 10개씩 3묶음과 낱개 8개는 ☐입니다.

    (2) 47은 10개씩 ☐묶음과 낱개가 ☐입니다.

문제2) 다음 그림을 보고, □안에 알맞은 수를 쓰시오.

10개씩 ☐묶음과 낱개 ☐개는 ☐입니다.

문제3) 다음 관계 있는 것끼리 이으시오.

삼십육	•		•	예순
육십	•		•	일흔넷
칠십사	•		•	서른여섯

도형

1학기와 2학기 각각 한 단원씩 여러 가지 모양이라는 단원으로 소개된다. 내용은 극히 쉽고 간단하다. 이미 아이들이 다 알고 있는 내용이다. 1학기에는 공 모양, 상자 모양, 둥근 기둥 모양과 같은 입체를 다루고 2학기에는 세모, 네모, 동그라미 등 평면 도형에 대해 다룬

다. 이미 용어들도 아이들은 잘 알고 있다. 다만 이 도형 영역을 지도할 때는 2학년에 배우는 삼각형이나 사각형, 5학년에 배우는 입체 도형의 기본 개념 입문기라는 사실을 알고 접근해야 한다. 아이들에게는 세모가 나중에 삼각형으로, 공 모양은 구 등으로 이름이 바뀐다는 것 정도는 알려 주어도 좋다. 이 과정을 가르쳐 줄 때 개가 어렸을 때는 강아지이지만 크면 개로, 송아지가 소로 바뀌는 예를 들어서 설명해 주면 아이들이 쉽게 이해하고 잘 받아들인다. 하지만 너무 깊이 들어가는 것은 금물이다.

아이들은 그 동안 블록 등으로 이러한 도형을 많이 접했기 때문에 쉽고, 재미있게 도형 영역을 배우게 된다. 도형 영역을 배우면서 가장 중요시해야 할 부분은 아이들이 일상 생활에서 여러 가지 도형을 실제로 찾아보고 분류해 보도록 부모님이 지도해 주어야 한다는 것이다. 특히 교과서에는 잡지나 신문에서 도형을 찾아 직접 붙여 보고 분류해 보는 부분이 있다. 또한 입체 도형을 이용하여 여러 가지 장난감을 만들어 보는 단원도 있다. 그러므로 부모들은 이 부분을 접할 때 아이들에게 이용하기 쉬운 재료를 제공해 주고 직접 해 볼 수 있는 기회를 많이 줘야 한다.

여러 가지 모양 1학기 2단원

이 단원에서는 반드시 생활 속에서 구체물을 찾아보고 분류해 보는 작업이 필수이다. 1학년은 절대로 머리로 하는 수학은 금물이다.

문제) 다음 그림들을 모양에 따라 세 가지로 분류해 봅시다.

(잡지나 신문에서 찾아서 붙여 보세요.)

여러 가지 모양 2학기 3단원

2학기 때에는 평면 도형에 대해서 배우게 되는데, 규칙성과 연관 지어 배우기도 한다. 여러 가지 □, △, ○ 모양을 직접 그려보고, 몸으로 □, △, ○ 모양으로 표현하기도 해서 아이들이 흥미로워하는 단원이다. 그런데 주의할 점은 선행 학습을 미리 한 아이의 경우 네모 대신에 직사각형, 정사각형 등의 용어를 사용하는데 바람직하지 않다. 왜냐하면 직사각형과 정사각형의 정의는 따로 되어 있는데 1학년 때 배우는 네모 모양에는 직사각형과 정사각형뿐 아니라 마름모와 사다리꼴도 포함되기 때문이다. 그러므로 이 부분에서는 직사각형, 정사각형의 구분을 따로 하지 말고 넓은 의미의 네모 모양을 익히도록 지도해야 한다.

아래 문제에서는 모양판(지오보드)을 이용하여 아이들이 다양한 네모를 그려볼 수 있다. 이때 정사각형이나 직사각형만을 그리는 아이가 있는데 다양한 네모 모양을 찾아서 그려 볼 수 있도록 지도하여야 한다.

문제) 모양판에 여러 가지 네모를 그려 봅시다.

측정

측정 부분에서는 넓이, 키, 들이, 높이, 길이, 무게 등 다양한 측정 방법들이 나오기 시작한다. 아직 측정의 단위가 나오는 것은 아니지만 측정의 기초가 되는 개념이 모두 1학년 때 나오므로 기초 개념을 잘 형성시키도록 해야 한다.

들이에서는 어떤 그릇에 물이 더 많이 들어갈 것인가 하는 양의 개념을 비교하게 된다. 높이에서는 누가 더 키가 큰지 비교하는 문제가 많이 나온다. 길이에서는 물건의 짧고 긴 것을 비교한다. 또한 무게에서는 어떤 물건이 더 무거울지를 그림으로 비교하는 그림이 나온다.

이 영역은 부모님들의 실제적인 도움을 많이 필요로 한다. 측정 부분은 고학년이 되면 단위 때문에 아이들이 싫어하거나 어려워하는 영역이 되고 만다. 아이들이 측정 영역을 어렵지 않게 다가가기 위해서는 실생활에서 학부모님과 함께 직접 측정해 보는 경험이 필요하다.

예를 들면 들이에서는 높이와 넓이가 다른 그릇에 직접 물을 넣고 양을 비교해 보는 것이다. 이때 단위가 써 있는 계량컵을 이용하면 아이들이 자연스럽게 단위도 익힐 수 있다. 또한 무게 부분에서는 집에 있는 체중계를 이용하여 가벼운 물건과 무거운 물건을 직접 비교해서 무게를 재어 보는 방법도 좋다. 또한 키는 줄자를 이용하여 아이들의 키를 직접 비교해 보고 체크해 나가는 방법도 매우 좋다. 이처럼 다양한 방법을 이용하여 아이들이 측정을 일상 생활에서 접하게 되면 자연스럽게 개념 형성이 되면서 무척 좋아하는 영역으로 자리잡게 된다.

또한 2학기 때에는 시각의 개념이 나오기 시작한다. 아이들은 정각의 개념은 쉽게 익히지만 30분의 개념은 무척 어려워한다. 예를 들어 9시 30분일 경우 작은 바늘이 9와 10 사이에 오고 긴 바늘이 6자에 오는데 아이들은 이때 작은 바늘의 위치를 가장 헷갈려 한다. 이럴 때에는 큰 바늘이 이동할 때 작은 바늘도 아주 조금씩 이동을 하게 되는데 긴 바늘이 반 바퀴를 돌았으므로 작은 바늘도 한 눈금에서 반을 와야 한다고 반복 설명하면 이해가 가능하다.

문제1) 다음 중 물이 많이 들어 있는 순서대로 번호를 쓰시오.

( )　　　　( )　　　　( )

문제2) 놀이터에서 어린이들이 시소를 타고 있습니다. 순호는 영미
와 준식이보다 무겁습니다. 영미는 준식이보다 무겁습니다.
몸무게가 가장 가벼운 어린이는 누구인가요? ( )
① 순호　　② 영미　　③ 준식　　④ 영미와 준식이
⑤ 모두 같다.

문제1은 아이들이 물의 양은 알지만 순서를 잘못 써서 틀리는 경
우가 많다. 보통 틀리는 경우를 보면 물의 양이 적은 순서대로 번호
를 적는 경우가 대부분이다. 번호를 물의 양이 많은 순서로 적는다는
것을 다시 한번 확인시키는 것이 좋다.

문제2를 보면 아이들이 2개의 대상을 비교하는 것은 쉽게 여기지
만 3개의 대상을 동시에 비교하는 것은 어려워한다. 이 문제를 풀 때
에는 옆의 공란을 이용하는 것이 좋다. 부등호, 등호 기호를 함께 이
용하거나 그림을 직접 그려 보는 것도 좋다. 하지만 시소 문제는 그

림을 그리면 더 헷갈릴 수 있으므로 부등호 기호를 이용하여 가장 무거운 어린이와 가장 가벼운 어린이를 고르는 것이 좋다.

시계 보기 2학기 5단원

시계 보기는 2학년 때는 분 단위까지 3학년 때는 초 단위까지 배우고 시간의 덧뺄셈 연산은 4학년 때까지 배운다. 너무 조급하게 1학년 때 다 끝내려고 하지 말아야 한다. 1학년 때는 몇 시, 몇 시 30분까지만 알면 된다. 모형 시계 등을 가지고 연습하면 어렵지 않게 끝낼 수 있는 단원이다.

문제1) 다음 시계에 긴 바늘과 짧은 바늘을 그리시오.

12시 30분

문제2) 시계의 짧은 바늘이 숫자 ☐ 을 가리키고, 긴 바늘이 숫자 ☐ 를 가리킬 때의 시각은 3시입니다.

위 문제 중에서 1번과 2번 문제는 아이들이 실수를 가장 많이 하는 부분이다. 시계를 보고 읽을 줄은 알지만 막상 시계를 그려 보라고 하면 작은 바늘과 긴 바늘을 거꾸로 그린다거나 작은 바늘의 위치가 제대로 되지 않은 경우가 대부분이다. 그러므로 모형 시계를 준비하여 집에서 똑딱똑딱 소리를 내면서 시계 소리를 내다가 몇 시! 라고 외치며 문제를 풀어보는 형식으로 함께 풀면 쉽고 재미있게 익힐 수 있다.

규칙성

규칙성은 중학교 때에 제일 어려워하는 부분인 함수와 연계가 많이 되어 있으므로 생활에서 규칙을 직접 찾아본다든지, 책 속에서 규칙적인 무늬를 찾아 보거나, 요즘 시중에 많이 나와 있는 칠교 놀이, 패턴 블록 등의 교구를 충분히 이용하여 아이들이 규칙성을 쉽고 재미있게 습득할 수 있도록 신경을 써야 한다.

여러 가지 모양 2학기 5단원

문제) 다음 ( ) 안에 들어갈 모양으로 알맞은 것은 어느 것입니까?

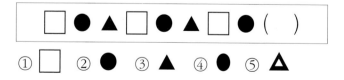

1학년 때는 수학에 적응하는 기간이므로 아이들이 기계적으로 수

학 문제를 풀지 않도록 각별한 노력이 필요하다. 이런 문제의 경우에는 3개씩 쉬는 규칙이므로 연필로 3개씩 도형을 끊어서 표시하게 하면 헷갈리지 않는다.

1학년 수학 지도 포인트

1학년 아이를 지도하면서 한계를 느끼게 되는 것은 학습 수준이 높아서가 아니라 아무리 설명해도 이해하지 못하기 때문이다.

초등 1학년 수학은 머리로 하는 것이 절대 아님을 명심해야 한다. 초등학생은 고학년이 되더라도 새로 배우는 개념은 무조건 구체물을 통해 배우고 익혀야 한다. 하물며 1학년 수학은 모든 단원이 입문 단계이다. 이때 확실히 개념을 이해한다는 것은 수학의 기초를 탄탄히 다진다는 의미이기도 하다. 첫 단추를 어떻게 끼우느냐 하는 시점이므로 엄마의 노력이 필요하다. 확실히 이해하고 넘어간 아이와 머리로만 문제를 푼 아이와는 고학년이 되었을 때 차이가 남은 물론이다.

1학년 수학은 12개 단원 중에서 7개 단원이 수와 연산이다. 바둑돌이나 수 모형을 이용하여 쉽게 이해할 수 있는 방법을 찾아 설명하는 현명함이 요구된다.

그리고 문장제 문제에 대비하여 독서 습관을 잡아 주어야 한다. 문장제 문제 해결에 있어 독서만한 약은 없다. 하지만 단시일 내에 쌓아지는 능력이 아닌 만큼 1학년부터 책 읽는 습관을 들이도록 한다.

1. 초등 수학의 체계를 파악하라.
2. 아이와 함께 구체물로 생활 속에서 연습하라.
3. 기계적으로 문제를 풀지 않도록 각별히 지도하라.
4. 독서 습관을 잡아라.

알고 보니 우리 아이 수학 천재 아니네!
2학년 수학

1학년 때는 수학 실력차가 거의 나지 않지만 2학년부터는 조금씩 우열이 드러나기 시작한다. 1학년 때는 많은 아이들이 수학을 좋아한다고 한다. 이는 내용이 쉽기도 하지만 대부분 유치원 과정 등을 통해 또는 가정에서 선행 학습이 이루어졌기 때문에 1학년 때 시험을 보면 높은 점수를 얻는다. 하지만 2학년 때부터 내용이 조금 깊이를 더하면서 시험 점수도 조금씩 낮아지고 그에 따라 수학을 조금씩 기피하는 아이들이 생기기 시작한다. 하지만 2학년은 여전히 수학을 좋아하는 과목으로 꼽는 데 주저하지 않는다. 실제로 아이들이 가장 좋아하는 과목을 조사해보면 통합 교과(봄, 여름, 가을, 겨울) 다음으로 많이 나오는 교과가 수학이다. 이렇게 수학 교과는 저학년 때는 아이들이 좋아하고 즐거워하는 교과인 것이다. 그런데 고학년에 가면 가장 골치 아픈 교과로 전락해 버린다. 이는 저학년 과정에서 부모나 교사들이 수학에 대해 좀더 신중하게 접근해야 함을 말해 준다고 볼 수 있다.

남자와 여자의 차이도 거의 없다. 보편적으로 남자가 여자보다 수학을 좀더 잘하는 것으로 알려져 있지만 2학년과 같은 저학년에서는 오히려 여자 아이들이 평균적으로 잘하는 경향이 있다. 이는 여자 아이들이 남자 아이들에 비해 좀더 침착하고 차분하기 때문인 듯하다. 하지만 수학을 탁월하게 잘하는 아이들 중에는 남자 아이들이 많다.

2학년 때 학부모들이 자녀의 배우는 내용을 미리 알고 대비해 준다면 아이들이 수학을 1학년 때와 같이 좋아하고 잘할 수 있을 것이다. 부모들이 교육 과정에 대해 미리 좀 알고 있으면 생활 속에서 아이와 수학적인 질문과 대화를 유도할 수 있기 때문에 아이가 생활 속에서 자연스럽게 수학을 접해 갈 수 있다. 고학년으로 갈수록 수학을 기피하게 되는 이유 중 하나가 수학이 생활과 동떨어진 과목이라 생각하기 때문이다. 그렇다 보니 배워야 할 이유를 상실하고 수학을 기피하게 되는 것이다. 하지만 수학은 생활과 동떨어진 과목이 아니다. 생활 속에는 수학과 수학적인 원리들이 너무나 많이 널려 있다. 이것은 수학적인 안목이 있는 사람에게만 보일 뿐이다. 이것을 부모님이 평상시 생활 속에서 자녀에게 알려 주고 대화한다면 아이는 무의식 가운데 수학이 생활과 동떨어진 과목이 아닌 생활 속에 녹아 있는 교과라는 인식을 하고 더 열심히 배울 것이다.

수와 연산

2학년에서 가장 핵심적인 내용은 수 연산 영역이다. 총 12개 단원에서 5개 단원이 덧뺄셈과 곱셈에 관련된 내용이다. 2학년 내용의 거

영역 및 단계		내용
수와 연산	1학기	• 세 자리 수 • 두 자리 수의 덧셈과 뺄셈 • 곱셈의 도입 • 곱셈(곱셈의 의미) • 두 자리 수의 덧셈과 뺄셈의 활용
	2학기	• 네 자리 수 • 곱셈 구구(구구단 외우기) • 세 자리 수의 덧셈과 뺄셈
도형	1학기	• 여러 가지 모양(사각형, 삼각형, 오각형, 육각형, 원, 쌓기나무)
	2학기	
측정	1학기	• 길이 재기(cm 알아보기, 자로 길이 재기, 어림하기)
	2학기	• 시간 알아보기(몇 시 몇 분 읽기) • 여러 가지 시간 단위 알기(1시간, 하루, 1주일, 1달, 1년) • 길이(m의 크기 알기, 줄자로 물건 길이 재기) • 측정값 나타내기(어림하기, 더 된다, 못 된다)
자료와 가능성	1학기	
	2학기	• 간단한 표와 그래프 만들기
규칙성	1학기	• 수 세기와 쌓기 나무에서 다양한 규칙 찾기
	2학기	• 덧셈표, 곱셈표에서 여러 가지 규칙 찾기 • 무늬에서 규칙 찾기 • 규칙 만들기

의 반 정도가 수 연산 부분이다. 이 중에서도 특별히 덧뺄셈은 두 자리와 세 자리 수만 다루어지는데 받아올림과 받아내림을 자유 자재로 구사할 수 있어야 한다. 자연수 연산 덧뺄셈의 실제적인 완성은 4학년에 가서 이루어지지만 기본 원리는 2학년 때 완성된다고 보아야 한다. 때문에 2학년 수 연산 영역을 확실히 해 두어야 한다. 곱하기 내

용은 구구셈 정도만 완전히 외우면 2학년 내용은 마무리되었다고 볼 수 있다. 특별히 구구단은 거꾸로 외우기가 가능할 정도까지 외우는 것이 좋다. 가정에서 '구구단을 외자' 와 같은 놀이를 자주 해 보는 것도 도움이 된다. 구구단을 마스터하지 못한 채 진급하면 3학년부터 본격적으로 시작되는 곱셈과 나눗셈에서 부진아로 전락할 수밖에 없다. 수 연산 영역에서 단순 계산을 묻는 문제는 별로 없다. 대부분 서술형 문제인데, 틀리는 문제는 비슷한 유형의 문제를 계속 틀리는 경향이 있다. 이와 같은 문제들은 오답 노트를 활용하면 효율적이다.

세 자리 수 1학기 1단원

이 단원은 아이들이 비교적 쉽게 생각하는 단원이다. 일상 생활에서 많이 접하기 때문이다. 특별히 99 다음 수가 100이라는 사실과 5씩, 50씩, 100씩 뛰어 세기 등은 가정에서 연습할 필요가 있다.

두 자리 수의 덧셈과 뺄셈 1학기 3단원

2학년에서 덧셈과 뺄셈은 가장 중요한 단원이고 핵심적인 단원이다. 특별히 이 단원은 기본적인 연산이 잘된다고 하여도 많은 응용된 문제가 가능하기 때문에 출제자에 따라서는 정말 어려운 단원이 될 수도 있다. 그러므로 기본적인 연산 훈련 외에 다양한 문제를 접하도록 해야 한다.

곱하기 단원에서는 초등학교에서 처음으로 곱셈의 의미를 배우게 된다. 좀 생소한 단원이기는 하지만 단원 자체가 어렵지 않기 때문에 쉽게 접근할 수 있다. 특히 구구단을 다 외우고 있는 아이에게는 더욱 쉽게 다가온다. 다만 이 단원에서는 구구단을 외우는 것에 목적이 있는 것이 아님을 명심해야 한다. 구구단은 2학기 1단원에 등장하는 곱셈 구구에서 자세히 배우고 외우게 되어 있다. 이 단원에서는 곱셈의 의미를 배우는 수준이다.

곱셈식에 동수누가同數累加 개념이 있음을 확실히 알고 넘어가야 한다. 3×5가 얼마냐고 물으면 아이들 모두 15라고 답한다. 하지만 왜 15냐고 물으면 우물거리는 아이들이 많다. 왜냐하면 3×5라는 곱셈식이 3을 5번 더했다는 기본 개념을 등한시했기 때문이다. 이런 결과를 초래하지 않기 위해서는 곱하기 단원에 발을 잘 디뎌야 하는 것이다.

문제1) 다음 칸에 알맞은 수를 넣어 보시오.

3+3+3+3+3+3+3 = 3×□

문제2) 다음을 곱셈식으로 나타내 보시오.

☆+☆+☆+☆

문제3) 4개씩 묶어서 세어 보려고 합니다. □ 안에 알맞은 수를 써 넣으시오.

(1) ☐개씩 ☐묶음입니다.

(2) 4 + ☐ + ☐ + ☐ = ☐

위 문제 모두 곱셈식의 의미를 묻는 문제들이다. 특별히 문제1은 학생이 곱셈식의 동수누가 개념을 알고 있는지를 묻고 있는 문제이다. 대부분 아이들이 잘 맞춘다. 하지만 곱셈식의 정확한 의미를 모르는 아이들은 문제2의 답은 모른다. ☆모양을 4번 더했으니 정답은 ☆×4인데 틀린다. 이런 아이는 아무리 구구단을 잘 외운다고 할지라도 곱셈식의 의미를 모르면서 구구단만 잘 외우는 경우라 할 수 있다. 문제3도 역시 곱셈의 의미를 묻고 있다. 묶어 세기를 하면서 곱셈의 의미를 깨치는 문제이다. 뛰어 세기가 되는 아이들은 묶어 세기도 어렵지 않게 할 수 있다.

곱셈 구구 2학기 2단원

이 단원에서는 본격적으로 곱셈 구구를 배우기 시작한다. 앞에서 설명한 것처럼 곱셈식의 의미를 알고 구구단을 완벽하게 외우면 좋다. 되도록이면 순서대로뿐 아니라 역순으로도 구구셈을 외울 수 있으면 더욱 좋다. 외우는 순서는 2단→5단→3단→4단→9단과 같은 순으로 외우면 쉽다.

> 문제1) 4명씩 앉을 수 있는 의자가 5개 있습니다. 모두 몇 명이 앉을
> 수 있는지 곱셈식으로 나타내어 보시오.
>
> 문제2) 의자가 5개 있습니다. 의자 한 개에는 4명씩 앉을 수 있다고
> 합니다. 모두 몇 명이 앉을 수 있는지 곱셈식으로 나타내어
> 보시오.

곱셈 구구에서 문제1과 문제2를 구별하지 못하고 1번은 정답을 4×5라고 쓰고 문제2는 5×4라고 쓰는 경우가 많다. 둘 다 정답은 4×5라고 써야 한다. 문제2의 정답을 5×4라고 쓰면 틀린 것이다. 아이들은 문제1, 2와 같은 문제가 나오면 무턱대고 앞수와 뒷수를 곱하려는 경향이 있다. 이런 오류를 막으려면 그림 등을 그려가면서 충분히 설명해 주어야 문제2와 같은 문제를 극복할 수 있다.

도형

도형 영역에서 아이들은 기존에 세모, 네모 모양으로 부르던 것을 삼각형, 사각형과 같이 수학적으로 부르기 시작한다. 삼각형, 사각형 등의 개념은 무엇보다도 암기해야 한다. 암기시키지 않으면 도형 영

역의 특성상 상급 학년으로 갈수록 헷갈리게 된다. 일상 생활 속에서 삼각형, 사각형 그리기나 찾아보기 등을 해 보면 좋다. 도형 영역에서는 많은 욕심을 부리기보다는 기본적인 평면 도형 개념에 대한 확실한 이해만 시켜 주면 충분하다고 본다. 충분히 이해시키기 위한 방법 가운데 하나가 이유를 자꾸 말해 보라고 하면 된다.

여러 가지 도형 1학기 2단원

이 단원에서 가장 중요한 것은 □, △, ○ 에 대한 정확한 개념 이해이다. 이 개념에 대한 설명은 2학년 개념 정리 부분에서 자세하게 설명했기 때문에 생략하기로 한다. 삼각형과 사각형에서 각각의 공통점을 찾아 말하고, 이를 일반화하여 오각형, 육각형을 알고 구별할 수 있어야 한다. 2학년 아이들은 구체적 조작기에 있음을 항상 명심하고 아이들을 지도해야 한다. 2학년 아이들에게 머릿속으로만 하는 추상은 아직 시기상조이다. 어른들의 눈높이를 많이 낮춰서 지도해야 하는 단원이다.

측정

측정 영역은 일상 생활과 관련지어 가르치는 것이 좋다. 하루가 24시간이라는 사실과 하루를 오전과 오후 또는 아침, 점심, 저녁으로 나눈다든지 자정과 정오 등 실생활과 관련된 용어들이 수학책에 많이 나온다. 이런 것들은 평소 부모가 알고 있다가 자녀와의 대화 중에 자연스럽게 말해 보게 하는 것이 효과적이다. 길이와 관련된 내용으로는 ㎝와 m가 등장하는데 아이들은 ㎝나 m라는 단위가 생소하기 때문에 익숙해지는 데 시간이 좀 걸린다. 때문에 1㎝가 대략 새끼손가락 한 마디 정도의 길이가 된다는 사실과 1m 길이가 대략 양팔 길이 정도가 된다는 것을 알려 주는 것이 좋다. 또한 이것을 가지고 생활 속에서도 물건의 길이를 어림해 보고 재 보고 하는 것이 도움이 많이 될 수 있다. 아무것도 아닌 것 같지만 아이들은 자꾸 해 봐서 숙달되어야지 그렇지 않으면 어이 없는 실수를 많이 한다.

길이 재기 1학기 4단원

이 단원에서는 길이를 재는 데 단위 길이라는 개념이 등장한다. 단위 길이 개념으로 뼘이 나오는데 아이들이 좀 어려워하는 개념이다. 이는 길이의 단위 길이로 가장 많이 사용하는 ㎝ 개념을 도입하기 위한 전 단계 개념으로 도입한 것인데 아이들이 혼란스러워 한다. 세심한 주의를 요한다. 반면 자로 길이 재는 것은 아이들이 즐거워하고 흥미있어 하는 부분이다.

문제) 연필의 길이는 몇 ㎝입니까? (   )㎝

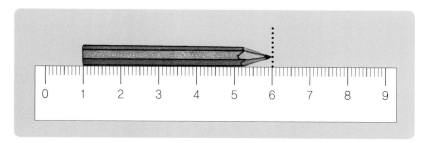

위와 같은 문제는 길이 재기 단원에서 가장 흔하게 출제되는 문제이다. 하지만 꼭 6㎝라고 답하는 아이들이 꽤 많다. 길이 재기에서 핵심은 끝을 확인하는 것이다. 2학년 아이들 수준에서는 아이들의 언어로 '똥고를 확인하라'고 하면 까먹지 않고 확인한다. 또한 2학년 아이들은 아는 것으로 안 된다. 숙달이 필요하다. 길이를 자로 자꾸 재 보아야 한다. 너무 쉬운 것 같지만 자연스럽게 깨쳐지는 내용이면 교과서에 싣지 않았을 것이다. 자꾸 몸으로 해 보아야 한다. 2학년 수학 단계는 아직 머리로 하는 단계가 아닌 것이다.

시간 알아 보기 2학기 4단원

1학년 때 시각을 배운다. 시계를 보고 몇 시 몇 분인지를 읽는 것이다. 2학년에서는 시간을 배운다. 1시간이 60분이고 하루가 24시간이며 1주일과 한 달 그리고 1년이라는 시간 길이를 배우게 된다. 굉장히 실생활과 밀접한 관련이 있는 단원이고 아이들이 비교적 쉽게

2학년

생각하는 단원이다. 모형 시계를 이용하여 하루의 시간은 공부할 수 있고, 1주일 이상의 시간 단위는 달력을 가지고 쉽게 접근할 수 있다.

자료와 가능성

2학년 과정의 자료와 가능성에서 분류하는 과정이 나온다. 이는 아이들이 하나의 기준에 따라 사물을 묶어 보기도 하고 나누어 보기도 하면서 논리적 사고를 키울 수 있는 부분이다. 연역적, 귀납적 사고에도 많은 도움을 준다.

자료와 가능성 부분 역시 실생활과 매우 밀접하게 관련지어 학습을 한다. 예를 들어 우리 반 친구들이 좋아하는 놀이를 조사하여 좋아하는 놀이의 종류를 분류해 볼 수도 있고, 또 단추를 색깔에 따라, 구멍 개수에 따라 분류해 보는 문제도 있다. 2학년 과정에서의 분류는 쉬울 것이라고 생각해서 문제를 대충 풀어보는 경향이 있지만 이 분류 기준을 2가지 3가지로 놓았을 때에는 아이들이 헷갈려 하는 굉장히 수준 있는 문제가 된다. 그러므로 한 가지 기준으로 분류하는 연습을 충분히 한 후에, 두 가지 정도의 분류 기준을 설정하여 문제를 풀어 보는 것도 아이들의 사고에 매우 도움이 된다.

다음은 우리 반 어린이들이 좋아하는 과일을 조사한 것입니다. 자료를 보고 물음에 답하시오.

2학년

문제1) 우리 반 어린이들이 좋아하는 과일의 이름을 모두 쓰시오.

( )

문제2) 우리 반 어린이들이 가장 많이 좋아하는 과일은 ☐ 와
☐ 입니다.

문제3) 우리 반 어린이들 중에서 딸기를 좋아하는 어린이는 몇 명
입니까? (명)

위의 문제는 측정과 관련이 있는데, 보통 쉬운 문제라고 생각해서 실수를 하는 경우가 많다. 이 문제를 풀 때에는 각 과일별로 다른 모양으로 체크를 하면 좋다. 예를 들면 사과는 동그라미로 표시하여 개수를 적어 보고, 바나나는 세모 모양, 딸기는 네모 모양 등으로 하나하나 체크하면서 풀도록 하면 실수가 나오지 않는다. 수학 시험지에서 기껏 어려운 문제는 맞고 이런 문제를 틀리면 매우 아쉽기 때문에

각별히 꼼꼼하게 체크하면서 문제를 풀 수 있도록 하는 것이 좋다.

더불어 이 영역은 2학기 5단원 '표와 그래프'라는 단원명으로 간략하게 소개된다. 아이들도 비교적 어려워하지 않는다. 다만 표와 그래프의 기본적인 개념을 배우게 되는데 표와 그래프를 구분할 줄 알아야 한다. 그래프의 종류(막대 그래프, 꺾은선 그래프, 원 그래프 등)와 같은 자세한 내용은 고학년에서 배우게 된다. 따라서 2학년에서는 표와 그래프 구분하기와 자료를 보고 그래프를 그릴 줄 아는 수준이면 충분하다. 또한 생활 속에서 표와 그래프를 찾아 보게 한다. 표와 그래프가 일상 생활에 많이 쓰이고 있다는 것을 아이가 알고 있으면 지적 자극을 주는 데 용이하다.

규칙성

2학년이 되면 아이들은 규칙성에서 많은 것을 배운다. 숫자 뛰어세기 등은 집에서 재미로 해 보면 좋다. 의외로 아이들이 어려워한다. 2씩 뛰어 세기나 5씩 뛰어 세기 등을 부모님과 번갈아 가면서 놀이 형식으로 하면 좋다. 이 뛰어 세기는 구구셈의 기본이 되기도 하므로 숙달할수록 유리하다. 또한 이 영역에서 빠지지 않고 등장하는 것이 쌓기나무이다. 쌓기나무 단원은 아이들이 즐거워하고 재미있어 하는 부분이다. 하지만 시험을 보면 좋지 않은 결과가 나오기도 한다. 이 영역은 다른 수학 영역을 잘하는 아이가 잘 못하는 경우도 있고 그 반대의 경우도 있는 참 특이한 단원 중의 하나이다. 공간 감각이 있는 아이들이 잘하는 편이다.

규칙 찾기 2학기 6단원

이 단원은 단원명에서도 느껴지듯이 놀이로 생각하면 접근이 용이하다. 아이들도 무척 즐거워하고 재미있어 하는 단원이다. 가정에서 쌓기나무를 가지고 블록 쌓기 놀이 등을 하면 쉽게 접근할 수 있다.

문제1) 다음 규칙을 살펴보고 ㉠에 알맞은 도형을 (   )안에 그려 넣으시오.

♤♠♡♥◇◆♧♣♤♠♡♥㉠◆♧♣♤♠♡

(   )

문제2) 다음 쌓기나무를 다 쌓으려면 쌓기나무가 몇 개가 필요합니까?

(   )개

문제3) 다음과 같이 쌓기나무를 쌓을 때, 다섯 번째에는 몇 개의 쌓

기나무가 필요합니까? (　　　)개

첫 번째　　　　　두 번째　　　　　세 번째

　　문제1은 규칙성을 묻는 문제이고 문제2는 순수한 쌓기나무를 다룬 문제이다. 문제3은 이것을 동시에 묻는 문제이다. 문제2는 2학년 수준에서 7개라고 대답하는 아이들이 간혹 있다. 숨어 있는 쌓기나무를 생각하지 못하는 것이다. 쌓기나무를 가지고 많이 놀아 봐야 해결되는 문제이다.

　　문제3과 같은 문제를 내면 7개라고 대답하는 경우가 많다. 평소 문제를 풀 때 묻는 핵심 단어 등에 줄을 긋는 작업을 하면 이와 같은 경우를 방지할 수 있다.

　　1학년 때는 아이들이 수학을 즐거워하다가 차츰 수학에 대해 흥미를 잃게 된다. 흥미를 잃게 되면서 그렇지 않은 아이들과 점수차가 점점 나기 시작하는 것이 2학년 때이다. 따라서 2학년 때는 수학에 대한 흥미를 잃지 않도록 되도록이면 수학을 놀이로 몸으로 배워 가는 것이 중요하다. 그렇게 하기 위해서는 부모의 지혜가 무엇보다 필요하다. 수학을 노래처럼 만들어서 한다든지 놀이화시켜서 아이 뇌리 속에 수학은 즐거운 교과라는 생각을 심어 주는 것이 무엇보다 중요하다. 문제집이나 많이 풀리고 학원으로 내모는 것은 당장 수학 점수는 높일 수 있을지 몰라도 아이에게 수학은 지겨운 과목이라는 인식을 심어 줄 수 있기 때문이다.

문제 해결은 새로운 영역이 아니라 수학 전체 단원에서 문제 푸는 방법을 배우게 된다. 규칙이 우리 생활과 동떨어진 것이 아니라 생활 속에 항상 존재한다는 것을 알고, 규칙을 찾고 규칙을 만들어 보는 활동을 한다. 이 활동을 통해 규칙을 이해하고 그 속에서 재미를 느끼며 더 나아가서는 수학적 아름다움을 경험해보게 하여야 한다.

아이들이 1학년 2학기 때 무늬 꾸미기를 통해 경험한 규칙을 바탕으로 2학년에서는 덧셈표, 곱셈표, 여러 가지 모양, 쌓기나무 등을 활용하여 다양한 방법의 규칙을 알아가게 된다. 그 속에서 스스로 규칙성을 알아가고 설명하며 나아가 자기만의 규칙을 만들 수 있어야 한다.

이 단원에서 규칙성을 지도할 때는 생활 속에서 수학의 조화로운 규칙을 발견함으로써 수학에 대한 흥미와 관심을 이끌어내는 것이 중요하다. 주위 사물을 새로운 눈으로 관찰할 수 있는 안목과 태도를 길러주어야 한다.

2학년 수학 지도 포인트

2학년 수학은 내용이 조금씩 깊이를 더하면서 시험 점수도 조금씩 낮아지고 점점 수학을 기피하는 아이들이 생기는 시기이다. 고학년이 되어 골치 아픈 과목으로 전락하지 않도록 수학에 대한 흥미를 다잡아야 하는 시기이다. 수학을 놀이나 몸으로 배우고 익혀 즐거운 교과라는 생각을 심어 주어야 한다. 그만큼 엄마의 활약이 필요한 시기이다.

1. 자연수 연산의 기초를 잡자. 자연수 연산의 덧뺄셈의 실제적인 완성은 4학년에 이루어지지만 기본 원리는 2학년에 완성된다.
2. 곱셈이 처음 등장한다. 동수누가同數累加 개념을 확실히 이해시키고 넘어가자.
3. 3학년부터 본격화되는 곱셈, 나눗셈에 대비하기 위해 구구단을 확실히 외우도록 한다.
4. 삼각형, 사각형 등의 평면 도형의 개념을 이해하고 암기하도록 지도한다. 이때 안 하면 상급 학년으로 갈수록 헷갈리게 된다. 일상 생활 속에서 삼각형, 사각형 그리기 찾아보기 등을 해 보고 왜 삼각형이고, 사각형이 되는지 이유를 자꾸 확인하라.
5. 2학년은 구체적 조작기임을 명심하자. 절대 머리로만 이해시키려고 하지 말아야 한다. 도형 부분에서의 밀기, 뒤집기, 돌리기는 실물을 가지고 여러 번 반복해야 이해 가능하며, 측정에서도 자로 이것 저것 생활 속에서 재어 보게 하고, 그래프가 사용되는 예를 신문에서 찾아 보는 등 생활 속에서 수학을 익히도록 유도해야 한다.

슬슬 발목 잡는 3학년 수학

중학년이 되면서 수학 실력이 점점 더 벌어지기 시작한다. 때문에 대체적으로 수학을 좋아하던 저학년 때와는 달리 수학에서 우열이 비교적 뚜렷해지기 시작한다.

많은 부모들이 자녀의 학습 양육에 대해 저학년 때에는 관심을 많이 갖다가 중학년이 되면 관심을 덜 갖는 경향도 있다. 중학년쯤 가면 자기가 알아서 할 것으로 알고 관심을 적게 갖는다. 하지만 저학년 때부터 스스로 하는 습관을 들인 자녀라면 부모의 기대대로 중학년에 들어서면서 스스로 한다. 하지만 스스로 하는 습관이 들지 않은 아이들 같은 경우는 부모의 관심이 떠나면서 급격히 성적이 곤두박질친다. 수학 성적도 마찬가지이다. 저학년 때까지 잘했는데 중학년부터 잘 못하는 자녀라면 부모 자신의 태도가 어떻게 변했는가를 먼저 살펴 보아야 한다. 수학 성적 하락의 원인이 아이한테 있는지 부모에게 있는지 확인해 보아야 한다.

3학년은 수학에 있어서 우열의 격차가 점차적으로 벌어지기 시작하는 시기이다. 3학년 초에는 별로 격차가 나지 않지만 1학기 말에 95점부터 50점까지 나란히 줄을 선 것처럼 격차가 벌어진다. 수학 중간·기말 고사의 평균 점수는 대략 80점 정도, 수학 경시 대회의 경우 문제의 난이도에 따라 다르지만 대략 평균이 70점 정도이다.

아이들이 워낙 선행 학습을 많이 하기 때문에 평균 점수는 대체로 높지만 어린이 개인별로 수준 차가 현저히 나타나는 학년이 바로 3학년이다. 여전히 3학년에서도 수와 연산 영역이 학기의 반 이상을 차지한다. 그만큼 연산 영역의 비중이 높고 3학년에서 기본을 제대로 다져야 문제 해결력이나 창의력이 신장될 수 있다. 3학년 단계에서 사칙연산이 완성되고 정착되어 이를 활용할 수 있기 때문에 아직도 연산이 숙달되지 않은 아동의 경우 마지막 기회라고 생각하고 3학년 과정에서 연산을 연습해야 한다.

수와 연산

3학년에서는 자연수에 대한 사칙연산 즉 덧셈, 뺄셈, 곱셈, 나눗셈이 모두 완성되는 단계이다. 3학년 과정에서는 덧뺄셈, 곱셈, 나눗셈 등 연산 영역이 수학 교과의 반 이상을 차지한다. 그만큼 3학년 수학에서는 연산 영역의 숙달 및 반복 연습이 필요하다. 이때에는 무턱대고 반복하는 것보다는 아이들이 지루해하지 않게 연산 훈련을 착실히 다지는 것이 중요하다. 시간이나 정확성 면에서 보다 능숙해지면 자리 수를 늘려가면서 연산 훈련을 해 주는 것이 좋다. 특히 3학년 수학에서는 연산 영역에 대한 기본적인 지식과 기능을 갖추어 창의적

영역 및 학기		내용
수와 연산	1학기	• 10000까지의 수 • 세 자리 수의 덧셈과 뺄셈(세 자리 수 ± 세 자리 수) • 나눗셈의 도입(두 자리 수 ÷ 한 자리 수) • 곱셈과 나눗셈(두 자리 수 × 두 자리 수) • 곱셈과 나눗셈의 활용 • 분수의 도입
	2학기	• 곱셈과 나눗셈(세 자리 수 × 한 자리 수, 두 자리 수 × 두 자리 수) • 단위 분수와 진분수(분수의 크기 비교하기) • 덧셈, 뺄셈, 곱셈의 활용
도형	1학기	• 선분, 직선, 반직선 알기 • 각과 평면 도형(직각 삼각형, 직사각형, 정사각형 알기)
	2학기	• 원의 구성 요소(컴퍼스로 원 그리기, 원의 중심, 반지름, 지름 알기)
측정	1학기	• 길이(mm, km 길이 단위 환산하기) • 시간(시, 분) • 초 단위까지 시간의 덧셈과 뺄셈
	2학기	• 들이(L와 mℓ 알기) • 들이의 덧셈과 뺄셈 • 무게(kg, g 알기) • 무게의 덧셈과 뺄셈
자료와 가능성	1학기	
	2학기	• 자료의 수집, 정리, 막대 그래프로 나타내기 • 그림 그래프와 막대 그래프로 나타내기)
규칙성	1학기	
	2학기	• 규칙에 따라 물체, 무늬, 수 등을 배열하기

문제 해결 학습이 가능하도록 토대를 마련해 주어야 한다는 점에서 매우 중요하다.

세 자리 수끼리의 덧뺄셈은 3학년 1학기에, 네 자리수끼리의 덧뺄셈은 2학기에 완전히 숙달되어야 한다. 3학년에서도 곱셈 구구단의 확인, 나눗셈의 기본을 익히는 것은 물론 이루어져야 한다. 항상 시험에 출제되는 문제에서 수와 연산 관련 중하위권 어린이들은 실수를 한다. 쉬운 문제는 실수로, 어려운 문제는 어려워서 못 푼다는 일이 반복적으로 나타난다.

덧셈과 뺄셈 1학기 1단원

받아올림이 있는 세 자리 수의 덧셈과 받아내림이 있는 세 자리 수 뺄셈의 원리를 이해하고 여러 가지 방법으로 합과 차를 구할 수 있어야 한다. 요즘 어린이들은 원리나 방법은 알고 있지만 세 자리 수 연산에 대한 훈련이 매우 부족하다. 3학년 단계에서는 세 자리 수끼리의 덧뺄셈 연산 훈련이 충분하게 되어야 한다.

$$965 \qquad 584$$
$$+257 \qquad -297$$

위와 같은 문제에서 실수를 하지 않도록 충분히 연산 훈련이 이루어져야 한다. 이러한 문제에서도 실수를 하는 아동들이 10~20% 정도 된다. 받아올림이나 받아내림이 있는 문제는 직접 수 모형을 사용해서 훈련하는 것도 좋다.

수 모형은 어린이가 구체물을 통해 좀더 쉽게 수의 크기, 자리 수의 개념 등을 익힐 수 있도록 고안된 교구이다. 아래 그림처럼 1, 10, 100, 1000 단위 수가 눈으로 쉽게 그 수와 양을 비교할 수 있도록 이루어져 있다.

〈수모형의 예시〉

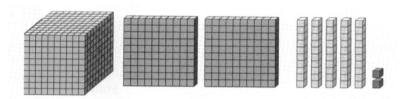

수 모형이나 계산식을 통해 계산을 능숙하게 하고, 익히기 단계에서는 계산 후 자신이 한 방법을 큰 소리로 설명하게 하여 수학에 대한 자신감과 의사소통 능력이 길러지도록 하여야 한다. 이런 유형의 문제에 대해 준비가 된 아동들은 쉽게 문제를 해결하지만 대부분의 아동들은 기본 문제를 푸는 데 많은 시간을 소비하다 응용 문제 풀이 시간이 부족하게 된다.

세 자리 수의 덧셈과 뺄셈 1학기 1단원

1학기에 등장하는 세 자리 수의 덧셈과 뺄셈은 2학년에 나왔던 두 자리 수의 덧셈과 뺄셈에서 자리 수만 증가했을 뿐 출제되는 문제 유형이나 아이들이 어려워하는 문제까지도 비슷하다. 앞에서 충분히 문제 유형에 대한 설명은 했으니 좀더 심도 있는 문제 몇 가지만 소개해 보겠다.

문제1) 다음과 같이 계산 할 때 ★은 얼마입니까?

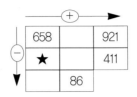

문제2) 다음 뺄셈식에서 같은 무늬는 같은 숫자를 나타내고 있습니다. ★과 ♥은 각각 얼마인지 구하시오.

$$
\begin{array}{r}
★\,0\,0 \\
-\quad ♥\,★ \\
\hline
♥\,★\,★
\end{array}
$$

★ = (　　) ♥ = (　　)

위와 같은 문제는 덧셈과 뺄셈을 활용한 고난이도의 문제라고 할 수 있다. 실제로 이런 문제를 2학년이 풀기에는 좀 버겁다. 하지만 반에서 5명 정도는 이런 문제도 잘 푼다. 덧뺄셈 단원에서는 223+184=□와 같은 아주 간단한 연산 문제가 출제되기보다는 위와 같은 응용 문제가 많이 출제되고 있으니 기본 연산 훈련 외에 다양한 문제 풀이 경험이 중요하다.

분수 1학기 1단원

2015교육과정으로 개정되면서 분수 단원이 3학년으로 이동하였다. 안 그래도 덧뺄셈도 세 자리 숫자까지 올라가고 곱셈구구도 외워야 해서 머릿속이 복잡해지는 시기인데, 자연수로 표현되지 않는 분수라는 것이 등장하게 된다. 생소한 표현 방식이지만 사실 분수는 실생활과 연관이 많은 단원이기 때문에 아이들에 따라서는 친근감을 느끼고 쉽게 생각할 수 있는 부분이다.

분수를 제일 쉽게 설명할 수 있는 예로 가장 많이 등장하는 것이 피자이다. 교구로 모형 피자도 많이 판매하고 있다. 왜냐하면 분수라는 개념은 1이 전체라고 가정하고 그것을 여러 조각으로 나누는 것이기 때문이다.

3학년 분수에서는 제일 처음으로 등분할의 의미를 배우면서 전체 하나를 똑같이 나누었을 때의 개념부터 시작한다. 똑같이 나누어진 전체와 부분의 크기를 비교함으로써 분수의 정의를 이해할 수 있다. 분수의 단원은 처음에는 모형 피자 같은 구체물에서 시작하여 나중에는 패턴블럭 같은 반구체물로 옮겨가며 지도하는 것이 좋다. 패턴블럭은 분수 단원뿐만 아니라 규칙성 부분이나 도형 부분에서 많이 활용되는 수학 교구이므로 가정에 구입해두면 아이들이 수시로 쓸수 있다.

3학년 때에는 분수의 크기나 종류에 대해서는 자세히 언급되지 않으므로 전체와 부분과의 관계로서 분수만 잘 이해하도록 지도하여 분수라는 개념 자체에 대한 어려움을 갖지 않도록 하는 것이 매우 중요하다. 너무 앞서 나가 분모, 분자 등의 개념을 설명하는 것은 자제하는 것이 좋다.

나눗셈 1학기 3단원

3학년에서는 나눗셈이 처음 도입된다. 어린이들은 일상 생활에서 물건을 사거나, 친구들과 놀이를 하면서 더하고 빼고 곱하고 나누는 등 수학적인 문제 상황과 만나게 된다. 3학년에서의 나눗셈은 포함제나 등분제를 모두 활동을 통해 경험하도록 골고루 제시하고 있다. 포함제나 등분제의 개념 정도는 부모가 정확하게 이해하고 있어야 한다. 학년 개념 소개에서 자세히 설명했기 때문에 여기서는 생략하기로 한다.

먼저 같은 양이 몇 번 들어갔는가? 즉 포함제 나눗셈 하기를 통해 나눗셈을 배운다. 하지만 어린이들은 선행 학습에서 곱셈 구구를 통해 나눗셈 답을 구하는 과정만 익숙하기 때문에 이 과정을 매우 어려워한다. 이때 뺄셈과 나눗셈 원리의 관계를 알려 주어도 좋다.

즉, '18÷3' 을 같은 양으로 나누는 경우에서 볼 때, 몫을 구하는 방법은 18개가 모두 없어질 때까지 '거듭 덜어낸다' 는 활동을 한다. 이 활동을 식으로 표현하면

$$18-3=15 \qquad 15-3=12 \qquad 12-3=9$$

$$9-3=6 \qquad 6-3=3 \qquad 3-3=0$$

이다. 결국 3을 6번 뺐더니 0이 되었다. 그래서

$$18 \div 3=6$$

3학년

과 같이 나타내어 나누기를 하게 된다. 이때 같은 수 빼기는 나눗셈으로 나타내어진다.

$$18-3-3-3-3-3-3=0 \qquad 18 \div 3=6$$

어린이들이 곱셈 구구의 범위에서 나누어 떨어지는 (두 자리 수)÷(한 자리 수)의 계산에 익숙하도록 교과서가 전개되어 있다. 곱셈 구구가 완전히 숙달되어 있는 어린이는 쉽게 나눗셈 문제를 해결한다. 그래도 나눗셈의 기본 개념을 정확하게 확인하고 넘어가는 것은 필수이다. 어린이들은 나누어 떨어지는 문제는 잘 해결하지만 나머지가 있거나 할 때 어떻게 해야 할지 몰라서 헤매는 어린이들도 있다.

분수 1학기 6단원

분수도 마찬가지이다. $\frac{1}{2}$, $\frac{1}{3}$, $\frac{1}{4}$ 등이 어떻게 다른지 구체물을 가지고 개념을 이해할 수 있도록 도와 주어야 한다. 수직선을 이용해서 분수를 익히게 하여도 좋다. 3학년 분수에서는 분모, 분자라는 개념을 배우는 것이 아니라 전체와 부분이라는 개념으로 접근한다. 가정에서 실물(초코파이, 피자 등)을 가지고 분수를 응용하고, 분수를 직접 소리 내어 이야기하면서 분수를 익히는 것도 좋은 방법이다.

소수의 도입은 첫째, 분수를 십진기수법의 확장으로 표현하고 둘째, 복명수를 단명수로 고칠 때에 이용되므로 가르치게 된다. 3학년 2학기에는 분수와 소수의 크기를 비교하여 수의 계열의 이해를 돕는 활동을 한다. 그러므로 수직선을 이용하여 분수와 소수를 함께 이해하도록 한다.

문제) 다음 분수와 소수를 수직선 위에 나타내시오.

$$(0.6, \frac{3}{10}, 0.8, \frac{2}{10})$$

3학년 2학기에서는 (두 자리 수)×(두 자리 수), (세 자리 수)×(한 자리 수)를 익히면 된다. 특히, (두 자리 수)×(두 자리 수) 계산을 능숙하고 빠르게, 정확하게 할 수 있도록 하여야 한다. 올림이 여러 번 있는 곱셈을 해결할 수 있어야 한다.

곱셈의 세로셈을 나타낼 때, 일의 자리 쓰는 위치, 십의 자리와 일의 자리의 곱을 쓰는 위치를 정확하게 나타내는 연습도 중요하다.

224

		3		
	×	2	5	
(일의 자리끼리의 곱)		1	5	(3×5)
(일의 자리)×(십의 자리)		6		(3×20)
		7	5	(15+60)

도형

평면 도형 1학기 2단원

3학년 1학기에는 선분, 직선, 각, 직각, 직각 삼각형, 직사각형, 정사각형의 개념을 정확하게 이해하여야 한다. 평면 도형을 어린이들이 쉽게 익힐 수 있는 도구로 지오보드(점판)가 있다.

지오보드 판에 고무줄로 직각 삼각형이나 직사각형, 정사각형 모양을 직접 만들어 보는 활동도 놀이와 함께 평면 도형을 익힐 수 있다. 칠교 놀이, 펜토미노 놀이를 이용한 보드 게임도 있다.

도형 2학기 3단원

3학년 2학기에는 원을 이루는 구성 요소를 이해하여야 한다. 컴퍼스로 원 그리기, 원의 중심, 원의 지름, 반지름의 개념을 알게 해야 한다. 이 개념은 나중에 6학년 때 원주나 원의 넓이를 이해할 때 필요하다.

측정

초등학교 과정에서 전반적으로 조작 활동은 필수적이다. 그중에서도 도형과 측정 영역은 더욱 그러하다. 어른들 시각으로 쉽게 생각되는 것도 아이들은 의외로 잘 모르는 경우가 허다하다. 길이 단위를 배웠으면 자나 줄자를 가지고 여러 번 재보는 활동을 많이 해야 한다. 절대 이런 활동은 시간 낭비가 아니다. 초등학교 수준은 이렇게 몸으로 체득하는 수학이지 결코 머리로만 하는 수학이 아니다.

길이와 시간 1학기 5단원

3학년의 시간 영역은 1분이 60초라는 사실을 배우고 초 단위까지의 시간 셈을 하게 된다. 이로서 1학년부터 배워 왔던 시간 개념을 모두 마치게 된다. 1학년 때는 시간 단위를 배우고 2학년 때는 분 단위를 배운다. 2015년 개정된 교육 과정에는 초 단위의 내용이 3학년에 배치되는데 이는 계열성을 고려한 것이라 할 수 있다. 내용 자체도 일상 생활에서 항상 접하는 내용으로 어렵지 않다. 시간 연산 문제도 이미 3학년 때 분 단위까지의 연산을 배웠기 때문에 쉽게 받아들인다. 다만 1시간=60분=3600초로 단위 환산을 여러 번 해보기도 하고 1일=24시간=1440분=86400초' 라는 개념을 확실하게 지도한 후 응용 문제를 풀어 나가도록 한다.

3학년 측정 영역에서는 가정에서 미리 여러 가지 들이를 실제로 어림하거나 재어 본다든가 실생활에서 m와 km의 단위를 몸으로 체험해 보는 것이 매우 유익하다. 가정에서 우유의 들이, 식용유의 들이를 재어 보고 밀가루나 케이크 재료 등을 살펴 보면서 공부해 보면 재미있게 접근해 볼 수 있다.

문제) 300mL들이 그릇과 400mL들이 그릇만을 이용하여 물을 담으려고 합니다. 어떻게 담아야 하는지 방법을 알아보시오.

담을 양(mL)	식으로 만들기
100	
200	
700	300+400=700
800	

위의 문제의 경우 쉽게 여러 가지 방법으로 해결할 수 있는데, 이런 유형의 문제만을 매우 어려워하는 어린이들이 있다. 실제로 들이로 재어 본 어린이와 머릿속으로만 계산하는 어린이 간에는 학습에도 차이가 생기게 마련이다.

자료와 가능성

이 영역은 아이들이 비교적 쉽게 이해하고 받아들인다. 내용 자체가 평이하다. 자료를 이해하고 그것을 막대 그래프로 나타낼수 있을 정도면 된다. 이미 2학년 때도 이런 과정을 연습했기 때문에 매우 쉽게 생각한다. 이 과정을 잘 이해하면 4학년에 나오는 꺾은선 그래프도 쉽게 이해할 수 있다.

자료 정리하기 2학기 6단원

문제) 다음 표는 마을별 감자 생산량을 나타낸 표입니다.

이 표를 보고, 그림 그래프를 완성하시오.

마을 이름	별	달	장미	백합	계
생산량(kg)	3600	2700	4200	800	

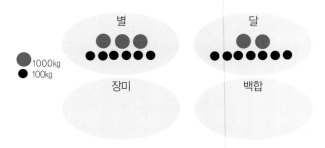

어린이들은 자료 정리하기 단원을 배우면서 좋아하는 과목, 음식,

운동 등의 통계를 반에서 조사하여 표나 그래프로 나타내기를 좋아
한다. 이때 정확하게 표로 나타내고 그림 그래프로 나타낼 수 있어야
한다. 정해진 단위나 기준에 따라 표, 그래프로 나타내고, 그래프를
해석할 수도 있어야 한다. 이 단원은 3학년 1학기 사회에 나오는 도
표, 통계표와도 밀접한 관련이 있다.

3학년 수학 지도 포인트

중학년이 되면서 수학 실력이 점점 더 벌어지기 시작하고, 우열이 비교적 뚜렷해진다. 가장 큰 원인은 부모의 관심에 있다. 대부분 저학년 때에는 자녀의 학습에 관심이 많다가 3학년쯤 되면 관심을 덜 갖게 된다. 하지만 스스로 학습하는 습관을 들이지 못한 자녀라면 아직까지는 지속적인 손길을 필요로 한다.

4학년이 되면 학습량이나 활용도가 매우 높아진다. 그러므로 3학년 때에는 기본 개념 이해나 정리를 확실히 해둔다는 마음가짐으로 충실히 진도를 밟아 나가도록 한다.

특히 3학년은 사칙연산의 완성 단계이므로, 연산이 숙달되지 않은 아동의 경우는 마지막 기회라고 생각하고 연산 연습을 해야 한다. 연산 영역에 대한 기본적인 지식과 기능을 갖추어 창의적 문제 해결 학습이 가능하도록 토대를 마련해 주어야 한다.

1. 지속적인 관심이 관건이다.
2. 연산 영역에 대한 기본적 지식과 기능을 탄탄히 하라. 이는 창의적 문제 해결 학습의 토대가 됨을 잊지 말아야 한다.
3. 몸으로 체득하는 수학임을 잊지 말자. 도형과 측정, 확률 통계 영역에서는 실생활과 놀이를 통해 훈련하는 것이 필요하다.
4. 4학년 수학에 대비하는 복습의 시간을 마련하자. 겨울 방학 동안 3학년 학습 평가를 하여 미흡한 부분은 반드시 보충해 둔다. 주요 개념과 원리에 대해 다시 한 번 정리해 본다.

어라! 장난이 아니네! 4학년 수학

4학년이 되면 3학년부터 벌어지기 시작한 수학 교과의 우열 격차가 더욱 분명하게 나타난다. 수학에 대한 불안감이 커지고, 그 동안 가져 왔던 수학 과목에 대한 자신감이나 교과 선호도가 4학년에 들어서면서 급격하게 떨어지는 시기이다. 이것은 3학년 때 배웠던 주요 개념이나 원리가 정리되지 않은 상태에서 4학년을 시작하기 때문이다. 이를 방지하기 위해서는 4학년을 시작하기 전 방학 중에 3학년 과정에 대한 진단 평가를 하여 부족한 부분을 찾아내야 한다. 그리고 4학년 과정에 대한 훑어보기도 필요하다. 4학년은 초등학교 수학의 기초 단계가 거의 완성되는 아주 중요한 시기이다. 이 시기에 수학을 포기하면 안 된다. 초등학교에서 기초 수학을 다져 갈 수 있는 마지막 기회라는 생각으로 다시 한번 기초 실력을 탄탄하게 다져 나가야만 한다.

4학년 단계는 3학년에 비해 학습량도 많아지고 활용도나 중요도가 매우 높아진다. 그렇기 때문에 3학년 때에 기본 개념 이해나 정리를 확실하게 해 놓지 않으면 와르르 무너져 버리기 쉽다. 기본 개념이 흔들리면 응용 단계는 엄두도 내지 못하고 수학 과목 자체를 제쳐 놓게 된다. 평균적으로 4학년 수학 평균 점수는 70점으로 최고 100점

영역 및 학기		내용
수와 연산	1학기	• 다섯 자리 이상의 수(백만, 천만, 억, 조 단위의 이해) • 자연수의 사칙연산(몇백×몇백, 몇백×몇천),(세 자리 수)×(두 자리수),(네 자리 수)×(두 자리 수), (세 자리 수)÷(두 자리 수)
	2학기	• 비와 몫으로서 분수 • 분모가 같은 분수의 덧셈과 뺄셈 • 소수 세 자리 수의 이해 • 분수, 소수의 크기 비교(소수 사이의 관계 알기) • 소수의 덧셈과 뺄셈
도형	1학기	• 각(예각, 둔각 알기)과 여러 가지 삼각형(예각 삼각형, 둔각 삼각형, 이등변 삼각형, 정삼각형 이해) • 삼각형과 사각형에서 내각의 크기
	2학기	• 여러 가지 사각형(사다리꼴, 평행사변형, 마름모, 정사각형 이해) • 수직과 평행(수선 긋기, 평행선 긋기, 평행선의 성질 알아 보기) • 여러 가지 모양 만들기
측정	1학기	• 각도(각도 재기, 각도 그리기, 각도의 어림과 차) • 평면도형의 이동(밀기, 뒤집기, 돌리기)
	2학기	• 직사각형과 정사각형의 넓이
자료와 가능성	1학기	
	2학기	• 막대그래프 • 여러 가지 그래프로 나타내기
규칙성	1학기	• 다양한 변화의 규칙을 수로 나타내고 설명하기 • 규칙을 추측하고 말이나 글로 설명하기 • 규칙적인 무늬 만들기 • 규칙적인 계산식의 배열에서 규칙 찾기(덧셈, 뺄셈, 곱셈, 나눗셈)
	2학기	

부터 30점대까지 3학년보다 점수의 폭이 더 넓어지게 된다.

4학년에서는 수학의 6개 영역 중 자료와 가능성 영역을 제외한 5개 영역 모두를 학생들이 어려워한다. 그중에서도 특히 수와 연산 과정은 거의 완성 단계로서 매우 중요하다. 이 단계에 확실하게 다져 놓지 않는다면 문제 풀이는 물론 응용 문제는 엄두도 내기 어렵다. 이로 인해 수학 교과에 대한 부정적인 인식이 높게 자리잡을 수 있으므로 각별한 관리가 필요한 영역이다.

4학년 수학에 대한 자신감을 불어 넣는 지도 포인트는 '매일 꾸준히'와 '스스로'이다. 매일 꾸준히 문제집을 풀어 기초 실력을 키우는 것이 필요하다. 특히 연산 영역의 경우 매일 꾸준히 반복 학습하는 것이 중요하다. 다른 영역의 경우는 먼저 기본 개념을 완전히 다진 후 응용 문제를 풀어 나가도록 지도해야 한다.

학교에서 지도를 하다 보면 미리 과외나 학원을 통해 수학 선행 학습을 하고 오는 어린이들이 반 전체의 $\frac{2}{3}$ 정도 차지한다. 미리 선행 학습 하는 것도 중요하지만 스스로 문제 해결력을 키울 수 있도록 지도해야 한다. 문제지를 풀 때에는 교사나 부모님이 옆에서 일일이 문제를 풀어 주는 것보다는 아동이 스스로 풀게 하고, 부족한 부분이 어떤 것인지 스스로 알아 가고 보충할 수 있도록 부모님이 지도하는 것이 바람직하다. 4학년 정도 되면 스스로 문제집을 풀 수도 있고 또 그렇게 해야 한다. 문장제를 많이 푸는 것도 중요하지만 독해력이 부족한 아동의 경우 기본적인 문제는 해결하지만 응용 문제는 문제 자체를 이해하지 못 하는 경우도 많다.

수학에서는 매일 꾸준히 하는 것이 가장 중요하다. 한꺼번에 하는 벼락치기 공부로는 정상에 오를 수 없다. 차근차근 한 계단 한 계단을 걸어서 스스로 다져 나가도록 최종적인 발판을 만들어 주는 단계가 바로 4학년이라고 할 수 있다.

수와 연산

큰 수 1학기 1단원

3학년 1학기에는 10000까지 자연수와 네 자리 수를 가지고 공부한다. 4학년 1학기부터는 그 범위가 다섯 자리 이상의 수로 확대되어 자연수를 마무리하게 된다. 실상 이 큰 수 단원을 마지막으로 초등학교에서의 자연수는 마무리된다. 이후에는 분수와 소수에 대해 집중적으로 배우게 된다.

아이들은 다섯 자리 이상의 수로 확대되면서 커다란 혼란에 빠지게 된다. 이때 아동들이 십진 기수법의 원리를 제대로 이해하고 수의 계열, 대소 관계, 자리 수, 자리 값에 대해 충분히 이해하고 활용할 수 있도록 세심한 지도가 필요하다.

특히, 조 단위까지의 큰 수를 읽을 때에는 네 자리씩 끊어 읽도록 해야 한다.

이때, 자리값은 한 자리씩 위로 올라갈 때 크기가 10배씩 커진다는 것은 잘 알고 있다. 그러나 100배, 1000배, 또는 $\frac{1}{10}$배, $\frac{1}{100}$배인 경우를 어린이들은 매우 어려워한다. 이런 경우 여러 각도에서 수를 이해할 있도록 알려 주어야 한다.

예)　　　　5조 → 5000억의 10배인 수

　　　　　　→ 5억의 10000 배인 수

　　　　　　→ 500조의 $\frac{1}{100}$인 수

　　　　　　→ 4999999999999보다 1 큰 수

　　　　　　……

문제) 다음에서 ㉠이 나타내는 수는 ㉡이 나타내는 수의 몇 배입니까?

뛰어 세기를 할 때에도 수직선을 이용하여 뛰어 세기를 하는 경우, 3학년 때보다 더 높은 사고 수준을 필요로 하게 된다.

이때에는 제시된 큰 눈금 사이가 얼마인지 알아 보고, 작은 눈금 한 칸은 얼마인지 알아 보게 한다. 그리고, 알아 낸 눈금의 크기로, 뛰어 세기를 해 보는 과정을 택하게 하면 된다.

실제로 큰 수 단위는 실생활에서 자주 접해 보지 않아서 더욱 어려

위한다. 그렇기 때문에 큰 수가 나오기 전 3학년 겨울 방학 동안에 미리 신문이나 잡지에 나오는 큰 수를 일정 기간 모아, 가장 큰 수를 찾아 보도록 하는 활동을 해 보자. 재미있어 하고 이해도도 높다. 큰 수를 제대로 읽고 쓸 수 있는지 확인해 보고 신문이나 잡지 등을 이용하여 실생활에서 쓰이는 큰 수를 찾아 보아도 된다.

곱셈과 나눗셈 1학기 3단원

4학년 곱셈에서는 3학년에서 학습한 (두 자리 수)×(두 자리 수)와 (세 자리 수)×(한 자리 수)의 곱셈을 바탕으로 (세 자리 수)×(두 자리 수), (네 자리 수)×(두 자리 수)로 수의 범위를 넓혀 가게 된다. 3학년 때 곱셈의 원리를 정확히 배운 아동들은 매우 쉽게 접근하는 내용들이다.

나눗셈에서는 3학년에서 학습한 내용을 바탕으로 몫과 나머지를 알고, 나누는 수를 몇 십에서 임의의 두 수로 확장해 가면서 나눗셈의 계산 원리와 계산 형식을 알아 가게 된다.

예)

$$
\begin{array}{r}
26\,\overline{)342}
\end{array}
\qquad
\begin{array}{r}
1 \\
26\,\overline{)342} \\
26
\end{array}
\qquad
\begin{array}{r}
13 \\
26\,\overline{)342} \\
26 \\
\hline
82 \\
78 \\
\hline
4
\end{array}
$$

(세 자리 수)÷(두 자리 수)의 문제를 풀 때에는 먼저 몫이 몇 자리 수인지 판별할 수 있어야 한다. 어린이들은 한두 번 해 보고 답이 나오지 않으면 포기하려는 경향이 있다. 여러 번 시행 착오 과정을 거치는 것이 당연하다. 이때, 피제수인 왼쪽 두 자리 수만 보아서 그 수가 제수보다 크거나 같으면 몫은 두 자리 수가 되고, 제수보다 작으면 몫은 한 자리 수가 된다는 것을 알려 주어야 한다. 또 피제수가 제수보다 작을 때는 몫이 0임을 알게 하고 연습을 충분하게 해야 한다. 이때, 몫을 크게 할 것인지 작게 할 것인지는 어린이들의 고민 거리이면서 사고를 신장할 수 있는 아주 좋은 기회가 된다.

분수의 덧셈과 뺄셈 2학기 1 단원

4학년 2학기에서는 (자연수)÷(자연수)를 분수로 나타내고, 분모가 같은 분수의 덧뺄셈을 할 수 있어야 한다.

(자연수)÷(자연수)는 나눗셈의 몫을 분수로 나타내기 위해 필요하다. 아울러 (자연수)÷(자연수)는 (자연수)$\times\frac{1}{(자연수)}$과 같음을 나타내기 위한 기초로 나오게 된다.

문제1) 나눗셈을 분수로 나타내시오.

$3 \div 4$

문제2) 자연수에서 분수를 빼시오.

$5 - \frac{2}{7}$

문제3) 대분수의 덧뺄셈을 하시오.

① $7\frac{2}{5} + 6\frac{4}{5}$ ② $7\frac{3}{7} - 4\frac{4}{7}$

소수의 덧셈과 뺄셈 2학기 1단원

바로 앞 차시에서 소수를 배우고 이어서 소수의 덧셈과 뺄셈을 배우게 된다. 소수의 덧셈과 뺄셈은 아이들이 어렵지 않게 잘 받아들인다. 왜냐하면 자연수의 덧뺄셈 원리와 같기 때문이다. 따라서 간단한 덧뺄셈의 원리 이해와 충분한 연산 훈련만 이루어지면 쉽게 지나갈 수 있다.

문제1) 다음 소수의 셈을 하시오.

(1) 3.76 + 33.3 =

(2) 0.832 - 0.59 =

문제2) 다음 □ 안에 알맞은 수를 쓰시오.

문제3) 다음 그림을 보고, 물음에 답하시오.

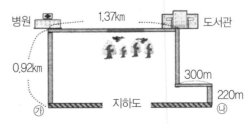

㉮에서 출발하여 ㉯까지 갈 때, 병원과 도서관을 거쳐서 가는 길이 지하도로 가는 길보다 몇 km 더 돌아가게 됩니까?

답 : (　　　)km 더 돌아가게 된다.

도형

각도 1학기 2단원

이 단원에서는 각도(각의 크기)의 의미를 먼저 정확하게 이해하는 것이 필요하다. 직각과 1도의 개념 등은 교과서에 따로 소개되지 않으므로 이 이해를 바탕으로 해서 부모가 배경 지식을 가지고 설명해 줄 필요가 있다. 또한 삼각형과 사각형의 내각의 합을 배우게 되는데 이때 조작 활동을 충분히 해 보아야지 머리로만 이해해서는 절대 안 된다. 3학년 때부터 각도기 조작법을 배웠지만 아직 익숙하지 않기 때문에 가정에서도 각도 재는 것을 많이 연습해야 한다.

평면도형의 이동 1학기 4단원

일부 어린이들은 도형 움직이기에서 물체나 무늬의 밀기, 뒤집기, 돌리기 활동을 통해 변화나 규칙을 설명하는 것을 어려워한다. 생활에서 직접 게임 도구를 사용하여 펜토미노 놀이와 소마큐브 놀이, 칠교놀이, 지오보드 등을 활용하는 것이 좋은 방법이다. 다양한 도형을 이해하는 가장 좋은 밥법은 실제로 도형을 밀기, 뒤집기, 돌리기 활동을 경험하여 보는 수밖에 없다.

〈다양한 도형 활동들〉

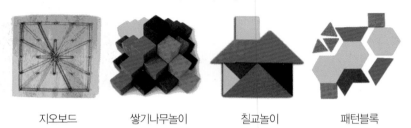

지오보드 쌓기나무놀이 칠교놀이 패턴블록

수직과 평행 2학기 4단원

도형 영역에서 항상 유념해야 할 사실은 용어의 생소함을 극복하는 것이다. 생소한 것은 잘 받아들이지 못한다. 이 단원에서 등장하는 수직, 수선, 평행과 같은 말들은 일상 용어와는 거리가 있기 때문에 아이들이 개념 이해에 어려움을 겪는다. 따라서 이 단원에서 가장 주안점을 두어야 할 것은 이 용어들에 대한 정확한 이해이다. 특히 아이들은 수선이라는 용어를 어려워한다.

삼각자를 이용한 평행선 긋기나 수선을 그리는 올바른 각도기 사용법이라든가 수직과 평행에 대해 올바르게 이해하였는지 등을 반드시 확인할 필요가 있다. 수직의 개념과 수선 긋기, 평행선 긋기 등을 통해 평행선의 성질을 이해하고, 과제를 해결해 나갈 수 있도록 다양한 문제도 풀어야 한다.

문제1) 다음 중 두 직선이 서로 수직인 선분은 모두 몇 쌍입니까?

(   )쌍

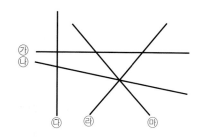

4학년

문제2) 다음 도형을 보고, 평행선 사이의 거리를 구하시오.

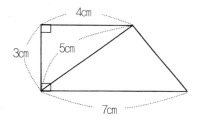

문제3) 직선 ㄱㄴ과 직선 ㄷㄹ은 평행입니다. □ 안에 알맞은 각도를 구하시오. (   )°

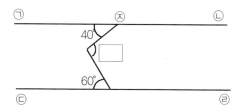

위의 문제처럼 수직과 평행에서는 응용 문제가 매우 다양하게 나올 수 있다. 이때에는 수직인 곳과 평행인 경우 각의 크기가 같은 것은 어느 것인지, 삼각형의 세 각의 크기가 180°인 것을 활용하여 문제를 풀어 가면 된다.

삼각형 2학기 2단원

삼각형 단원은 삼각형과 각에 대한 이해만 있으면 쉽게 해결할 수 있다. 특별히 삼각형의 종류 즉 예각 삼각형, 둔각 삼각형, 직각 삼각형, 이등변 삼각형, 정삼각형의 개념 이해는 필수이다.

문제) 다음 도형을 보고, 물음에 답하시오.

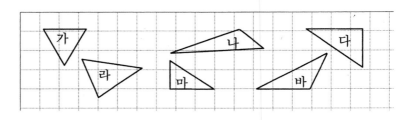

(1) 예각 삼각형을 모두 고르시오. (   )

(2) 직각 삼각형을 모두 고르시오. (   )

(3) 둔각 삼각형을 모두 고르시오. (   )

자료와 가능성

아이들이 그다지 어려워하지 않고 잘 이해하는 영역이다. 3학년 때 이미 그림 그래프를 배웠기 때문에 막대 그래프도 쉽게 이해한다. 그러나 어림하기와 관련지어 문제가 출제되면 헤매기 시작한다.

4학년

문제1) 다음은 민지네 집에서 올림픽 기념관까지 가는 방법별 걸리는 시간을 나타낸 표입니다. 물음에 답하시오..

방법별 걸리는 시간

방법	자동차	버스	지하철	버스와 지하철
시간(분)	30	45	25	35

(1) 막대 그래프로 나타낼 때 세로 눈금 한 칸의 크기를 얼마로 하는 것이 좋을까요?.

(2) 표를 보고 막대 그래프로 나타내 보시오.

방법별 걸리는 시간

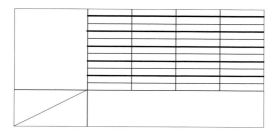

막대 그래프로 나타내는 것은 어린이들이 재미있어 한다. 이때 가로나 세로 눈금의 크기를 얼마로 정할 것인지가 중요하다. 또 만들어진 그래프를 보고 어린이들이 해석을 할 수도 있어야 한다.

규칙성

규칙 찾기 1학기 6단원

생활 속에는 수많은 규칙이 있다. 옷, 커튼 등은 물론 포장지나 벽지에 있는 무늬들도 일정한 규칙에 따라 배열되어 있다. 이 단원에서는 아이들이 다양한 변화와 규칙을 찾아 설명하고, 직접 그 규칙을 수나 식으로 나타낼 수 있어야 한다. 벽지와 건물의 장식 등에서도 규칙을 찾을 수 있고, 우리가 사용하는 수많은 물건과 상품에서도 규칙을 찾을 수 있다.

4학년에서는 1학년과 2학년에서 시계 보기, 규칙 찾기, 무늬 꾸미기를 통해 경험한 규칙의 소재와 내용의 폭을 좀 더 넓혔다. 여러 가지 모양, 수 배열표, 덧셈표, 곱셈표 속에서 다양한 방법으로 규칙을 찾아보게 된다.

규칙성은 생활 주변에 있는 다양한 현상을 탐구하는 데 중요하다. 규칙 찾기에서는 문제를 읽고 푸는 방법을 생각하는 것인데 방법은 몇 가지 정도로 압축된다. 식을 세워서 풀기, 그림을 그려서 풀기, 거꾸로 생각해서 풀기, 규칙을 생각해서 풀기, 답을 예상하고 풀기 등의 방법이다. 실제로 초등학교 아니 고등학교까지도 이런 범주를 벗어나지 못한다. 수학을 잘하느냐 못하느냐는 이런 문제 풀이 방법을 자유자재로 이용할 수 있느냐에 달려 있다고 해도 과언은 아니다. 많은 반복 연습이 필요하다.

문제1) 다음 표를 보고, 규칙을 찾아 정십각형의 대각선의 개수를 구하시오.

도형	정사각형	정오각형	정육각형	정칠각형	…
대각선 개수	2	5	9	14	…

(   )개

문제2) 리본이 있습니다. 이 리본을 13도막으로 나누려고 합니다. 한 도막을 자르는 데 7분이 걸립니다. 13도막으로 나누는 데 시간이 얼마나 걸리겠습니까?

(   )분

4학년 수학 지도 포인트

수학 교과에 대한 우열 격차가 분명해지고, 자신감이 급격히 떨어지는 시기로서 이때 수학을 포기하지 않도록 각별한 주의가 요구된다. 이 시기 아이들은 수학의 5개 영역 중 자료와 가능성 영역을 제외한 4개 영역 모두를 어려워한다. 하지만 4학년은 수학의 기초 단계가 거의 형성되는 아주 중요한 시기이다. 기본 개념이 흔들리면 응용 단계에 대한 엄두를 못 내고 수학이라는 과목 자체를 제쳐 버리게 된다. 기초 수학을 다져 갈 수 있는 마지막 기회라는 생각으로 다시 한 번 기초 실력을 탄탄히 하자. 이를 위해서는 무엇보다 '매일 꾸준히' '스스로' 수학을 풀어 가는 습관을 들이도록 준비하자.

1. 연산 영역은 매일 꾸준히 반복 학습한다.
2. 그 외 영역은 기본 개념을 완전히 다진 후 응용 문제를 풀도록 지도한다.
3. 스스로 문제를 풀고 부족한 부분이 어떤 것인지 스스로 알아가고 보충하도록 지도한다.
4. 분수에 대한 충분한 이해가 있어야 한다. 3학년 분수의 개념을 다시 한 번 확인하고 진분수, 가분수, 대분수 등에 대한 분명한 개념 정립이 되어야 한다.
5. 도형 영역에 등장하는 삼각형과 사각형의 종류를 충분히 알고, 특별히 정의는 영어 단어 외우듯 외워야 한다.

징글징글한 5학년 수학

초등학교에서 아이들이 수학을 가장 어려워하는 시기가 5학년이다. 일반적으로 4학년 때 수학이 많이 어려워진다고 알고 있는데 그렇지 않다. 5학년 때 아이들은 수학을 징글징글해 한다. 이러한 반응은 아마 5학년 어린이들의 수학에 대한 말에서도 느껴질 것이다. 5학년쯤 되면 4학년 때와는 달리 아이들 간의 편차가 더 커진다. 소위 말하는 '수포 상태' 수학 포기 상태에 들어가는 아이들이 증가한다. 반면 수학을 좋아하고 잘하는 아이들은 이미 초등학교 수학을 마스터하거나 중학교 수학도 이해할 수 있는 수준이 되며 경시 대회 문제도 손쉽게 풀어 낸다.

왜 이런 현상이 발생할까? 이것은 5학년 때부터는 4학년 때까지 배워 온 개념을 응용하여 문제가 출제되어 매우 어려워지기 때문이다. 또한 무엇보다 약수와 배수의 개념이 처음 도입되는데, 이 개념을 이해하기가 쉽지 않다. 분수와 소수 단원에서는 곱셈과 나눗셈의 혼합 연산을 하게 되는데 이 때까지 사칙연산의 훈련이 제대로 되어 있지 않으면 수많은 실수와 더불어 아이들이 가장 싫어하는 단원이 될 수도 있다. 그러므로 수와 연산 부분이 부족한 아이일 경우에는 우선 사칙연산 훈련(예를 들면 기적의 계산법 같은 기초적인 사칙연산 훈련)을 충분히 시키는 것이 좋다.

또한 측정에 관한 부분에서는 선 대칭, 점 대칭 등 공간 감각을 요구하는 문제들도 증가한다. 이 역시 각도와 여러 가지 도형의 성질과 함께 제시되기 때문에 어려워할 수 있는데 공식처럼 외우는 것이 아니라 원리를 이해할 수 있어야 한다. 이를 위해서는 모눈 종이나 각도기, 투명 종이, 셀로판 용지 등으로 연습을 충분히 해야 한다. 뿐만 아니라 패턴 블록이나 테셀레이션, 펜토미노 등의 다양한 교구를 이용해서 도형과 측정 부분을 익히면 매우 재미있게 원리를 접할 수 있다.

또한 응용 문제, 즉 문장제 문제를 어려워하는 아이들도 있다. 이것은 4학년 때까지 축적되어 온 실력의 문제도 있겠지만, 문장제 문제를 푸는 요령을 잘 모르기 때문이다. 문장제 문제를 어려워하는 대부분의 이유는 문제를 통째로 읽고 이해하려고 하기 때문이다. 따라서 문장제 문제를 접할 경우에는 문제를 끊어서 읽는 연습을 해야 한다.

4학년까지 수학의 기초를 형성했다면 5학년과 6학년은 기초와 중학교 과정 사이의 버팀목, 징검다리라고 할 수 있다. 즉 4학년 때까지 쌓은 기초 실력이 드러나는 학년인 동시에 중고등학교 수학 실력의 기초를 보여주는 학년이라고 볼 수 있는 것이다. 그러므로 5학년 수학을 잘해야 6학년, 중학교에서도 제 실력을 발휘할 수 있다. 그러므로 각 영역별로 아이가 취약한 부분을 찾아 내어 기초를 다시 쌓거나, 응용력을 기르는 것이 매우 중요하다.

영역 및 단계		내용
수와 연산	1학기	• 약수와 배수(최대공약수, 최소공배수) • 약분과 통분(기약 분수) • 분모가 다른 분수의 덧셈과 뺄셈(대분수의 덧셈과 뺄셈, 세 분수의 덧셈과 뺄셈) • 분수의 곱셈
	2학기	• 분수, 소수의 곱셈과 나눗셈 • 소수의 이해(소수를 분수로 바꾸기, 분수를 소수로 바꾸기, 소수의 크기 비교하기)
도형	1학기	
	2학기	• 직육면체와 정육면체의 성질(면, 모서리, 꼭지점, 평행의 개념 알기) • 합동과 대칭 • 선대칭 도형 • 점대칭 도형
측정	1학기	• 평면 도형의 둘레, 넓이 • 직사각형, 정사각형, 평행사변형, 삼각형의 넓이 (1㎡와 1㎠의 관계를 이해하기, 각 도형의 넓이 구하기)
	2학기	• 수의 범위(이상, 이하, 초과, 미만) • 어림하기(올림, 버림, 반올림) • 직사각형과 정사각형의 넓이 • 입체 도형의 겉넓이, 부피
자료의 가능성	1학기	
	2학기	• 띠 그래프, 원 그래프 • 평균
규칙성	1학기	• 대응 관계를 식으로 나타내기
	2학기	

5학년

수와 연산

　수와 연산 단원은 5학년 내용 중 무려 절반 가까이를 차지할 만큼 비중이 크다. 그만큼 중요하기도 하고 어렵기도 하다.

　초등학교에서 배우는 수와 연산 영역에서 수는 자연수, 분수, 소수이고 연산은 사칙 연산이 내용의 전부이다. 그중 자연수의 사칙연산은 3학년 때까지 완성되며 분수와 소수의 사칙연산은 5학년 때, 자연수 분수 소수의 혼합 사칙연산은 6학년 때 배운다. 자연수의 사칙연산은 비교적 아이들이 쉽게 접근한다. 하지만 소수와 분수가 나오면 얘기가 달라진다. 아이들이 어려워한다. 6학년은 오히려 5학년 때 배운 내용만 잘 알고 있으면 쉽다. 5학년 수 연산 과정이 6개 학년 중에서 가장 어렵고 내용도 많다.

　연산 부분에서는 약수와 배수를 구하는 것이 먼저 나오는데 용어 자체가 생소하여 아이들을 당황하게 만든다. 4학년까지는 전혀 약수와 배수에 대해서 배우지 않았기 때문에 마치 새로운 수학 세계에 온 것처럼 느끼게 된다. 5학년 1학기부터 수학에 손을 놓게 되는 현상이 나타나는 것도 이 때문이다. 4학년 때까지 배운 분수와 소수의 개념을 충분히 습득하면 약수와 배수의 개념을 좀더 쉽게 이해할 수 있게 되므로 약수, 배수의 개념을 어려워하는 아이의 경우 4학년까지 배운 곱셈과 나눗셈 부분을 복습하게 하면 효과가 있다. 또한 약분과 통분, 분수와 소수의 덧셈과 뺄셈, 곱셈, 나눗셈까지 나오게 된다. 계산 과정이 어렵지는 않지만 숙달시켜 놓지 않으면 실수가 많고 자칫 하면 반복되는 계산에 익숙하지 않아 어려워할 수 있으므로 충분히 습득할 수 있도록 지도해야 한다.

최대공약수와 최소공배수를 직접 이용하여 응용 문제를 푸는 경우 매우 어려워하는 경우가 많다. 왜냐하면 최대공약수와 최소공배수의 개념이 처음 도입되는 데다가 평상시에 접해 보지 못한 새로운 개념이기 때문이다.

1학기에서 2단원 약수와 배수, 4단원 약분과 통분, 5단원의 분수의 덧셈과 뺄셈은 이어지는 내용이므로 어찌 보면 한 단원으로 묶어서 재구성하여 지도할 필요가 있다. 그래야 일관성 있는 흐름에 따라 어린이들이 이해하기도 쉬워진다.

자연수의 혼합 계산 1학기 1단원

혼합 계산의 대원칙은 이렇다. 괄호를 풀고 곱셈과 나눗셈을 풀고 마지막에 덧셈과 뺄셈을 푼다. 이것을 한 용어로 압축하여서 '괄곱나덧뺄' 정도로 기억하면 된다. 이런 순서만 지키고 연산 실수만 없으면 쉽게 접근할 수 있는 내용이다. 아이들도 실제로 쉽게 느낀다.

문제1) $44+(23-3\times4)-8+(6\times8)$

문제2) $75\div3+60\div6$

문제3) 아래의 수를 이용하여 답이 50이 되는 계산식을 5개 만들어 보시오.(단, 하나의 식에는 주어진 수를 한 번만 사용할 수 있습니다.)

2	10	60	150	5	20

약수와 배수 1학기 2단원

약수와 배수의 개념을 잘 이해하면 이어 나오는 공약수와 공배수 개념과 최대공약수, 최소공배수 개념도 이해하기 쉽다. 여기서 간과하지 말아야 할 사실은 이러한 것들을 왜 배우는지에 대한 이해이다. 이 내용들은 이 자체로 중요하다기보다 나중에 배울 분수의 약분과 통분을 할 때 필요 수단으로서 중요하다. 용어들이 생소하므로 잘 이해해 둘 필요가 있다.

약분과 통분 1학기 4단원

2단원에서 약분과 통분의 개념을 정확히 익혔다면 그렇게 어렵지 않게 접근할 수 있는 내용들이다. 두 분수나 세 분수를 통분하여 크기를 서로 비교할 수 있으면 된다. 이 개념이 정립되지 않으면 5단원에 나오는 분수의 덧셈과 뺄셈 단원은 절대로 해결할 수 없다. 이 단원에서는 특별히 통분이나 약분과 같은 용어의 개념을 무엇보다 명확히 이해해야 한다.

문제1) 다음 중 옳은 것으로 묶인 것은 어느 것인가요?

> ㉠ $\frac{1}{5}$과 $\frac{2}{3}$를 통분하면, $\frac{3}{15}, \frac{10}{15}$ 입니다.
>
> ㉡ 24를 공통 분모로 하여 $\frac{1}{4}$과 $\frac{5}{6}$를 통분하면 $\frac{6}{24}, \frac{20}{24}$입니다.
>
> ㉢ $\frac{2}{6}$와 $\frac{1}{8}$의 공통 분모가 될 수 있는 수 중 가장 작은 수는 48입니다.
>
> ㉣ 두 기약분수는 통분을 할 수 없습니다.

① ㉠, ㉣   ② ㉠, ㉡   ③ ㉠, ㉢

④ ㉡, ㉣   ⑤ ㉢, ㉣

5학년

문제2) $\frac{3}{4}$의 분모에 20을 더하려고 합니다. 분수의 크기를 같게 하려면 분자에 얼마를 더해야 합니까? (   )

① 20   ② 15   ③ 12   ④ 10   ⑤ 7

문제1의 경우 기약분수와 통분을 모두 이용하는 문제로 공통 분모를 구하는 과정에서 최대공약수가 이용된다. 아이들이 최대, 최소 공약수의 쓰임을 분수를 통해서 충분히 습득할 수 있도록 관련된 문제를 많이 풀어 보도록 한다.

문제2의 경우 통분에 대한 개념을 묻는 문제인 동시에 분수의 개념을 다시 한 번 되짚어 보는 문제이다. 이 문제를 틀리는 아이들을 보면 1번 20을 고르는 경우가 많은데 이는 분수의 개념을 이해하지 못했기 때문이다. 분모가 20이 커진다고 해서 분자가 20이 커지면 같은 수가 되는 것이 아니다. 분모에 20을 더하면 24로 변하고 분모가

24이면서 $\frac{3}{4}$과 크기가 같은 분수를 만들어 주면 되는 것이다. 크기가 같은 분수가 되기 위해서는 크기가 같은 분수를 계속 구해 주다가 분모가 24인 분수를 찾는 방법이 가장 원시적인 방법이고, 아니면 분모가 24인 분수 중에서 약분하면 분모를 4로 만들어 주는 6을 구하여 분자 3에 6을 곱해 주면 된다. 거기서 3을 빼 주면 답은 15가 된다.

분수의 덧셈과 뺄셈 1학기 5단원

4학년 때에도 분수의 덧셈과 뺄셈을 배운다. 그 때는 분모가 서로 같은 분수끼리 덧셈과 뺄셈을 한다. 하지만 5학년 때는 분모가 서로 다른 분수끼리의 덧셈과 뺄셈이므로 통분의 과정을 거쳐야 한다. 통분의 과정을 거치면 결국 4학년 때 배운 분수의 덧셈과 뺄셈 개념이 되므로 어렵지 않게 해결할 수 있다. 통분과 약분에 대한 이해가 부족한 아이들은 3단원으로 돌아가서 약분과 통분에 대해 이해할 것을 권한다.

문제1) 은주는 친구에게 줄 선물을 포장하는데, 흰색 테이프를 $1\frac{1}{5}$m, 빨간색 테이프를 $2\frac{1}{3}$m를 썼습니다. 은주가 사용한 테이프는 모두 몇 m입니까? (   )

① $3\frac{1}{8}1$ ② $2\frac{17}{30}$ ③ $2\frac{8}{9}$ ④ $3\frac{7}{15}$ ⑤ $3\frac{8}{15}$

문제2) 어떤 수에서 $\frac{1}{5}$ 과 $\frac{3}{7}$ 의 합을 뺐더니 $\frac{3}{10}$이 되었습니다. 어떤 수는 얼마인지 쓰시오. (   )

위 두 문제는 일단 두 분수가 나왔을 때 공통 분모를 구해서 통분하여 풀어야 하는 문제이다. 특히 2번 문제는 통분을 2번 해줘야 하는 문제이므로 더 어려워할 수 있다. 특히 분수 문제의 경우 객관식으로 나오면 비교적 쉽게 풀지만 주관식으로 나오면 계산 실수 등의 이유로 평상시에 잘하던 아이들도 틀리는 경우가 많다. 그러므로 분수의 덧뺄셈 부분에서 실수가 있다면 사칙연산을 다시 반복해서 연습할 필요가 있다.

수의 범위와 어림 2학기 1단원

이 단원에서는 올림, 버림, 반올림 개념만 확실히 이해하면 된다. 내용 자체도 어렵지 않아서 아이들도 쉽게 이해를 한다. 다만 개념을 완전히 이해해 두지 않으면 중학교에 가서도 근사값과 오차 개념을 이해하지 못해서 고생을 하게 된다.

문제1) 다음 중 반올림하여 백의 자리까지 나타낼 때 7200이 되는 수는 어느 것입니까? (   )

① 7149   ② 7258

③ 7153   ④ 7140

문제2) 0, 2, 4, 6, 8을 한 번씩만 사용하여 만든 다섯 자리 수 중에서 5만에 가장 가까운 수를 반올림하여 백의 자리까지 나타내시오. (   )

문제3) 다음 수를 버림하여 백의 자리까지 나타내시오.

$$2699$$

(   )

분수의 곱셈 2학기 2단원

분수의 곱셈 단원은 곱셈의 사칙연산 단원 중에 제일 쉽게 받아 들이는 단원이다. 분수의 덧셈 뺄셈 문제는 통분의 과정을 거쳐야 하지만 분수의 곱셈 문제는 그럴 필요가 없기 때문이다. 하지만 이 분수의 곱셈 단원에서 중요한 것은 단순히 분수의 곱셈 연산 문제를 푸는 것보다 그 과정을 이해하는 것이다. 교과서에 보면 그림 등을 통하여 자세하게 소개되어 있으므로 그림을 통하여 그 내용을 이해한 후 연산 숙달 훈련을 해야 한다.

소수의 곱셈 2학기 4단원

4학년 때에 자연수의 곱셈과 나눗셈을 집중적으로 배운다면 5학년 때는 분수와 소수의 곱셈과 나눗셈을 배운다. 자연수의 곱셈과 나눗셈을 할 줄 아는 아이들은 소수의 분수와 나눗셈도 그렇게 어렵지 않게 해결할 수 있다. 다만 소수의 나눗셈은 분수의 나눗셈보다 실수가 많다. 왜냐하면 소수점 찍는 문제 때문이다. 따라서 이 문제만 명확하게 지도하고 이해하고 나면 소수의 나눗셈도 자연수의 나눗셈과 마찬가지로 어렵지 않게 해결할 수 있다. 다만 자연수의 나눗셈을 정확하게 모른다면 반드시 복습할 것을 권한다. 또한 아이들이 사칙연산 중에서 나눗셈을 가장 어려워하고 싫어하기 때문에 나눗셈에 대해서는 좀더 많은 연습이 필요하다.

5학년 과정에서 소개되는 소수의 곱셈과 나눗셈 수준은 소수 둘째 자리까지 있는 수를 가지고 하는 정도이다. 이런 문제들에 대한 정확한 이해를 바탕으로 연산 훈련을 한다면 쉽게 접근할 수 있는 단원들이다.

5학년

> 문제1) 1km를 달리는 데 0.06 L의 휘발유를 쓰는 오토바이가 있습니다. 이 오토바이로 시속 60km의 속도로 40분 간 달렸습니다. 사용된 휘발유는 몇 L입니까? (   )L
>
> 문제2) 목욕탕 바닥에 가로 18.5cm, 세로 12.5cm인 직사각형 모양의 타일을 14장 붙였습니다. 목욕탕 바닥의 넓이는 몇 cm²입니까? (   )cm²

위 문제는 소수의 자리 수를 잘 알아야 하는 문제이다. 아이들은 보통 곱셈을 하면 원래 수에서 크기가 많이 커진다고 생각하지만 소수의 곱셈에서는 그 반대가 되거나 소수점 아래의 숫자가 더 영향을 많이 받아서 커진다는 것을 잘 받아들이기 힘들다. 이는 실생활에서 소수를 아직 많이 접해 보지 못하기 때문이다. 특히 소수의 사칙연산 중에서 곱셈의 개념은 많이 사용되지 않는다. 그렇기 때문에 일단 문제1, 2를 다루기 전에 아이들이 소수의 곱셈의 원리를 잘 파악했는지 여부를 알고, 위 문제를 풀어 보는 것이 좋다.

도형

도형 영역에서 도형의 합동은 아이들이 대체로 잘 이해하고 쉬워하지만 대칭 영역은 너무 어려워한다. 각별한 주의가 요망된다.

5학년에서는 4학년까지 배우지 않았던 입체 도형을 접하게 된다. 입체 도형으로 가장 간단한 직육면체와 정육면체를 배운다. 아이들이 그렇게 어려워하지는 않지만 반드시 실제로 만들어 보고 실물을 보면서 학습하는 것이 훨씬 효과적임을 명심해야 한다. 또한 겨냥도라는 말은 좀 생소하므로 정확한 의미를 알아야 한다.

직육면체 1학기 5단원

이 단원에서는 직육면체와 정육면체의 정의와 전개도 그리고 이들의 겨냥도를 그릴 수 있으면 된다. 이것들을 충분하게 이해하기 위해서는 반드시 충분한 조작 활동이 필수이다. 이 단원을 대충 문제집이나 푸는 것으로 떼우는 경향이 있는데 수학의 흥미를 떨어트리는 지름길이다. 학교에서의 활동만으로는 충분하지 않다. 집에서 전개도를 그리고 몇 번이고 다양한 모양의 직육면체와 정육면체를 만들어 보는 것이 육면체에 대한 이해를 높이고 수학의 흥미를 높이는 방법이다. 직육면체를 잘 이해해야만 6학년에 나오는 각기둥이나 원기둥 등의 입체 도형도 더욱 잘 이해할 수 있다.

문제) 다음 중 직육면체의 겨냥도를 바르게 그린 것을 고르시오.

(   )

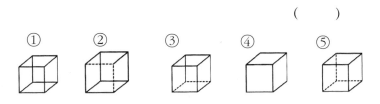

겨냥도는 아이들이 쉽게 생각하는 경향이 있지만 보이지 않는 부분에 대한 공간 감각이 떨어지는 아이의 경우 매우 힘들어한다. 보이지 않는 부분은 점선으로 처리한다는 것을 잊지 말아야겠다. 공간 감각이 현저하게 떨어지는 아이들은 실제 상자곽을 가지고 연습을 해본다거나 혹은 투명한 아크릴 소재로 직접 도형을 만들어서 직육면체를 보다 쉽게 이해할 수 있도록 도와야 한다.

도형의 합동 2학기 3단원

도형의 합동은 5학년 도형 영역 중에서 아이들이 가장 쉽게 생각하는 부분이다. 합동을 책에서는 "모양과 크기가 같아서 완전히 포개어지는 것"이라고 정의하고 있다. 이 개념은 아이들이 어렵지 않게 받아 들인다. 따라서 이 단원에서는 합동의 정확한 개념과 이에 따른 다른 수학적인 용어 즉 대응변, 대응각, 대응점 등에 대해서만 이해하면 쉽게 지나갈 수 있다.

문제1) 다음 두 도형이 서로 합동일 때, 각 ㄹㄷㄴ의 대응각은 어느 것입니까? (   )

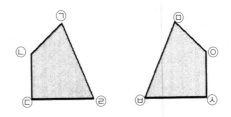

① 각 ㅇㅁㅂ   ② 각 ㅁㅂㅅ   ③ 각 ㅂㅅㅇ
④ 각 ㅂㅁㅇ   ⑤ 각 ㅅㅇㅁ

문제2) 민주는 정사각형 모양의 색종이를 아래 그림처럼 접었습니다. (가)와 각 (나)의 합은 얼마입니까? (   )

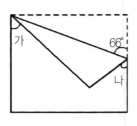

① 30°   ② 45°   ③ 60°   ④ 90°   ⑤ 120°

문제1의 경우, 합동이라는 개념을 아이들이 인지했어도 공간 감각이 많이 부족한 아이들은 대응각의 개념을 매우 어려워할 수 있다. 문제2와 같은 문제는 집에서 직접 종이를 가지고 조작 활동을 한 번 해 볼 필요가 있다. 공간 감각이 뛰어난 아이가 아니라면 머릿속으로만 생각해서 풀기는 굉장히 어려운 개념이기 때문이다.

도형의 대칭 2학기 3단원

5학년

　　도형의 대칭 단원은 5학년 아이들에게 있어서 정복하기 힘든 마의 고지와도 같다. 아니 아이들에게뿐만 아니라 부모님들조차도 헷갈려 하고 내용을 잘 모르고 있는 경우가 많다. 그만큼 어렵고 내용도 상당히 많은 편이다.

　　내용은 도형의 대칭 즉 선대칭과 점대칭 내용밖에는 없다. 하지만 대칭 도형에서 대응점, 대응각, 대응변 등을 찾는 것이나, 대칭의 중심, 대칭축, 점대칭 위치에 있다와 같은 생소한 말들이 너무 많이 등장한다. 이런 용어들의 의미를 정확히 알지 못하면 실제 문제 풀이는 요원하다. 따라서 무엇보다 새로 등장하는 용어들의 정확한 의미를 먼저 이해하는 것이 이 단원에서 가장 급선무이다.

　　또한 선대칭과 점대칭 도형을 가정에서 모눈 종이에 반복해서 그려 보아야 한다. 이런 과정을 반복하다 보면 선대칭과 점대칭 도형의 개념이 명확해진다. 5학년 아이들도 머리로만 이해하기에는 너무 이른 나이임을 기억해야 한다.

문제1) 다음 도형은 점 대칭 도형입니다. 변ㄷㄹ에 대한 대응변을 쓰시오.

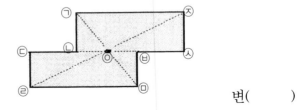

변(   )

문제2) 다음 중 선대칭 도형이면서 점대칭 도형인 것은 어느 것입니까?

① 정삼각형   ② 정오각형   ③ 사다리꼴

④ 이등변삼각형   ⑤ 마름모

문제3) 주어진 점을 대칭의 중심으로 하는 점대칭 위치에 있는 도형을 그려 보시오.

　문제1의 경우 두 가지 도형이 아니라 하나의 도형 안에서 점대칭을 시키는 것이기 때문에 아이들이 매우 어려워한다. 이럴 경우에는 OHP 필름을 이용하여 아이들이 도형 위에 한 번 더 도형을 그려서 직접 선대칭과 점대칭을 시켜 볼 수 있도록 한다.

이 부분의 경우 문제를 많이 푸는 것보다는 한 가지 도형을 이용하여 합동, 선대칭과 점대칭, 회전을 시켜 보는 연습을 많이 하는 것이 효과적이다. 이러한 공간 감각이 생기기 위해서는 반복적인 무늬를 이용하여 만든 미술 작품(테셀레이션)을 인터넷이나 작품집에서 찾아서 아이들이 직접 똑같이 만들어 보거나 경험해 보면 많은 도움이 된다.

측정

4학년 때 평면 도형의 종류와 정의를 배웠다면 5학년 때는 평면 도형의 둘레와 넓이를 배우고 대칭에 대해서 배운다. 아이들이 대체로 어려워하는 영역이다. 특별히 넓이는 공식을 외워서 어떻게 지나가지만 2학기에 배우는 대칭 영역은 많이 어려워한다. 넓이 부분도 공식보다는 그 과정이 중요한데 과정은 이해하지 못한 채 공식만 외우는 아이들도 많다. 넓이 내는 공식에 대한 이해는 철저히 이루어져야 한다. 물론 넓이 공식 암기는 필수다.

평면 도형의 둘레, 각 도형의 넓이를 구하게 된다. 이 영역은 실제 생활에서도 접할 수 있는 부분이라 할 수 있겠다. 그러나 도시에 사는 아이들의 경우 실제로 넓은 땅을 별로 본 적도 없고 측정을 경험할 기회가 없기 때문에 생소해할 수 있다. 그러므로 실제 넓이 측정이 왜 필요한지 어디에 쓰이는지 스스로 생각해 볼 수 있도록 유도하면 측정 영역에 대한 불안감을 떨칠 수 있다. 필자는 신문이나 실제 땅의 사진을 보여준 후 측정의 필요성이나 쓰임새를 설명했을 때 아이들이 친근감을 갖고 공부에 임하는 것을 경험한 적이 있다.

그러나 5학년에서 나오는 들이 단위 L(리터)라든지 도형의 넓이를 구하는 문제는 도형의 변형이 필요하고 또 단위에 대한 생소함이라는 어려움이 있기 때문에 5학년 아이들이 가장 기피하는 단원 중에 하나다.

넓이나 둘레의 경우에는 우선 넓이가 무엇인지 둘레가 무엇인지를 직접 경험할 수 있도록 큰 천이나 큰 도화지를 오려서 넓이와 둘레의 개념을 확실히 한다. 그 후에 넓이를 구하려면 어떻게 해야 할지 도형을 잘라 보고 붙여 보기도 하는 변형의 연습이 많이 필요하다.

다각형의 둘레와 넓이 1학기 6단원

이 단원에서는 정사각형의 넓이와 둘레부터 시작해서 직사각형, 평행사변형, 삼각형의 넓이와 둘레의 길이를 구하는 방법을 익힌다. 이 단원에서 핵심은 평면 도형의 넓이 구하는 과정을 익히는 것이다. 많은 아이들이 넓이 공식만을 외우고 있지만 결과보다 더 중요한 것이 그 공식이 나오기까지 과정을 익히는 것이다. 이 과정은 교과서에 자세하게 소개되어 있다. 이 과정을 잘 익혀 두면 2학기에 등장하는 넓이와 무게 단원에서 사다리꼴 넓이나 마름모 넓이도 쉽게 이해할 수 있다.

문제1) 다음 도형의 색칠된 부분의 넓이를 구하시오.

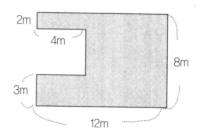

문제2) 다음 정사각형의 넓이와 삼각형의 넓이는 같습니다. 삼각형의 높이를 구하시오.

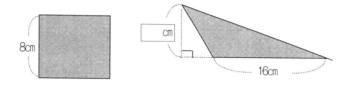

규칙성

    중고등학교 수학에서 대부분의 내용을 차지하는 영역이 바로 규칙성 부분이다. 하지만 초등학교에서 나오는 내용은 맛보기 정도로 끝나고 깊이도 깊지 않아서 아동들이 쉽고 재미있게 다가가는 영역이다. 별 어려움 없이 접근할 수 있다.

    규칙성 부분에서는 규칙적인 무늬를 만들어 보는데 이때에는 테셀레이션으로 직접 규칙성을 이용하여 다양한 모양을 만들어 봐도 좋겠다. 이 부분은 아이들이 쉽게 흥미를 느끼는 부분으로 다양한 색깔을 이용하여 아이들이 즐겁게 미술 시간과 접목시켜 공부하면 매우 좋다. 이 규칙성을 통하여 도형의 대칭, 합동의 개념을 자연스럽게 익힐 수 있다.

규칙과 대응 1학기 3단원

문제1) 주어진 모양을 뒤집어 가며 이어 붙여서 무늬를 만들 때   ㉠ 부분에 들어갈 알맞은 그림은 어느 것입니까?

문제2) 한 변의 길이가 20㎝인 정사각형을 덮으려면 가로가 5㎝이고 세로가 2㎝인 직사각형이 몇 개 필요합니까? (   )

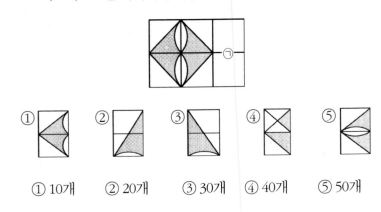

① 10개   ② 20개   ③ 30개   ④ 40개   ⑤ 50개

위의 문제들은 직접 도형이 완전히 제시되지 않았지만 자신이 상상하여 옆에 그려 보아야 한다. 공간 감각이 크게 떨어지는 아이들은

266

아무리 연습을 해도 위와 같은 문제를 풀기 어려워한다. 하지만 평면 도형이기 때문에 자꾸 그림을 그려서 연습을 해보면 위 같은 문제도 쉽게 접근할 수 있다. 머릿속으로 상상만 해서 문제를 푸는 방법을 지양해야 한다.

자료와 가능성

5학년

4학년 때까지 배운 내용과 6학년 과정을 연계하는 부분으로 아이들이 쉽고 재미있어 한다. 또한 자료와 가능성 부분에는 줄기와 잎 그래프, 평균의 개념이 나오는데 평균 부분은 아이들이 일상 생활에서도 많이 경험하기 때문에 평균의 개념을 배우기 시작한 아이들은 실생활에서 여러 분야에서 평균을 내보는 다양한 시도를 하게 된다. 그러므로 친숙함을 유지할 수 있도록 북돋아 주면 좋다.

평균과 가능성 2학기 6단원

내용 자체가 어렵지 않다. 이미 2학년 때부터 표와 그래프 개념으로 자료를 정리해 보았기 때문에 더더욱 그렇다. 교과서에 줄기와 잎 그림이라는 표 개념과 그림 그래프가 나오는데 수준은 2학년 때 배운 내용과 비슷한 정도로 전혀 어렵지 않다.

또한 평균 개념이 나오는데 이것은 일상 생활에서 많이 쓰이고 있는 개념이기 때문에 이 또한 아이들이 어렵지 않게 접근한다.

5학년은 초등학교 과정 중 수학을 가장 어렵게 느끼는 학년이다. 이유는 앞에서 설명했듯이 4학년까지는 주로 자연수를 가지고 다루었다면 5학년부터는 자연수가 아닌 분수와 소수를 가지고 사칙연산을 하기 때문이다. 일상적이고 생활 속에서 접하는 자연수와 우리 머릿속에서나 가능한 추상적이고 부자연스러운 분수나 소수는 차원이 다른 것이다. 따라서 아이들은 5학년 과정 수학을 너무 어렵게 느낀다. 이 때 부모들의 적극적인 격려와 관심이 절대적이다. 수학을 포기하느냐 그렇지 않느냐는 부모 하기에 달려 있다고 해도 과언이 아니다. 수학에 있어서만큼은 5학년을 잘 지내면 6학년은 그렇게 어렵지 않게 잘 지나갈 수 있다.

5학년 수학 지도 포인트

초등학교에서 아이들이 수학을 가장 어려워하는 시기이며, 수학 포기 상태에 들어가는 아이들이 증가하는 시기이다.

하지만 5학년은 6학년과 중학교 수학의 기초를 보여주는 시기로서, 5학년 수학을 잘해야 중학교에서도 제 실력을 발휘할 수 있다는 점을 잊지 말아야 한다.

아이들이 5학년 수학을 어려워하는 이유는 4학년 때까지 배워온 개념을 바탕으로 한 응용 문제가 많기 때문이다. 그리고 약수와 배수 대칭 등 너무 많은 새로운 개념이 처음 도입되는데, 이들 개념을 이해하기 쉽지 않기 때문이다.

1. 사칙연산 훈련을 다시 정비하자. 5학년의 수 연산 단원은 6개 학년 중 가장 어렵고 내용도 많다. 사칙연산의 훈련이 되어 있지 않으면 수많은 실수와 더불어 가장 싫어하는 단원이 될 수 있다. 최대공약수, 최소공배수 통분, 약분 등 새로운 개념 이해를 확실히 해 두자.

2. 선대칭, 점대칭 등 공간 감각이 요구되는 문제들이 증가한다. 각도와 도형의 성질과 그 원리를 이해할 수 있도록 다양한 연습을 준비하도록 하자.

3. 각 영역별로 취약한 부분을 찾아 기초를 다시 쌓고, 응용력을 기르는 데 역점을 두자.

너만 없으면 살겠어! 6학년 수학

6학년 때는 남녀의 차이가 두드러지게 나타난다. 4학년 때까지만 해도 여자 아이들이 남자 아이들보다 수학 점수가 더 좋게 나오는 경향이 있지만, 5학년 때부터 이 현상이 역전되기 시작한다. 남자 아이들 중에서 특별히 수학에 두각을 드러내는 아이들이 나타난다. 또한 수학 과목에 대한 호감도가 더 확연하게 나뉜다. 수학을 어려워하는 아이들 중 대다수가 수포 학생(수학 포기 학생)으로 전락하는 학년이기도 하다. 이런 현상이 나타나는 원인은 당연한 말이겠지만 수학이 점점 어려워지기 때문이다.

6학년 아이들 중에는 선행 학습으로 중학교 과정을 배우는 경우도 흔히 볼 수 있다. 대견하게 보이기도 하지만 한편으로는 애처롭게 보일 때도 있다. 6학년 과정을 잘하면서 중학교 과정을 하고 있으면 대견하게 보이지만 사실 이런 경우는 극히 드물다. 오히려 6학년 과정도 제대로 이해하지 못하면서 더 어려운 중학교 과정을 하는 아이들이 많다. 이런 아이들을 보면 애처롭게만 보인다. 이런 아이들에게는 선행 학습이 오히려 독임을 기억해야 한다. 현재의 과정도 버거운 아이에게 더 어려운 과정을 강요하는 것은 수학에 대한 혐오감만을 심어 줄 뿐이다. 이 혐오감은 수학에 대한 자신감 결여로 이어지고 종국에는 수학과 담 쌓는 아이로 만들기 십상이다. 선행 학습은 철저히 아이의 능력을 감안하여 실시해야 한다.

6학년 수학 시험을 치르다 보면 많은 아이들이 시간이 부족하다고 난리들이다. 저학년 때는 수학 시험 시간이 많이 남아서 "선생님 언제 걷어요?"를 몇 번씩 묻곤 하던 아이들이 6학년이 되면 시간을 더 달라고 난리이다. 왜 이런 현상이 벌어질까? 이것은 기초 연산 훈련이 제대로 되어 있지 않기 때문이다. 6학년 문제를 해결하려면 다단계의 연산 과정을 거쳐야 하는 경우가 많다. 때문에 기본 연산 훈련이 잘 되어 있는 아이일수록 시간에 여유가 있다. 하지만 연산 훈련이 되어 있지 않은 아이들은 문제 해결의 비본질적인 요소 즉 연산에 너무 많은 시간을 빼앗기기 때문에 시간이 모자라게 된다. 따라서 고학년이 되었다고 연산 훈련을 너무 등한시하지 말고 가정에서 꾸준히 훈련시켜 주는 것이 필요하다.

6학년 담임을 하다 보면 아이들이 선생님을 테스트해 보려고 하는 경우를 보게 된다. 어려운 수학 문제를 선생님한테 질문하는 것이다. 질문했을 때 선생님이 아무렇지도 않게 풀어 내면 다행인데 그렇지 못하면 교사의 권위는 무너지는 것이다. 6학년 아이들의 성향 중 권위에 대한 도전 의식이 있다. 권위에 대해 반항하고 도전해 보고자 하는 욕망이 있다. 이것이 반드시 나쁜 것만은 아니다. 성장 과정 중에 있을 수 있는 자연스러운 과정이다. 이런 경우를 지혜롭게 잘 넘기면 오히려 아이들로부터 더욱 존경받는 교사가 된다.

영역 및 단계		내용
수와 연산	1학기	• (자연수)÷(자연수), (분수)÷(자연수), (자연수)÷(분수), (소수)÷(자연수) • 소수와 분수의 크기 비교
	2학기	• (분수)÷(분수) • 분수와 소수의 혼합 계산
도형	1학기	• 각기둥과 각뿔의 구성 요소와 성질 이해, 각기둥의 전개도 그리기
	2학기	• 여러 가지 입체 도형의 구성 요소와 성질 이해(원기둥, 원뿔, 구, 회전체) • 쌓기나무로 모양 만들기
측정	1학기	• 직육면체와 정육면체의 겉넓이와 부피 이해하기, 1㎤ 와 1㎥ 단위 알기
	2학기	• 원주율과 원의 넓이 구하기 • 원기둥, 원뿔, 구의 성질
자료와 가능성	1학기	• 비율 그래프(띠 그래프, 원 그래프)
	2학기	
규칙성	1학기	• 두 수량 사이의 비와 비율 의미 알기 • 백분율 의미 알기 • 비율을 분수와 소수로 나타내기
	2학기	• 비의 성질 알고 간단한 자연수로 비율 나타내기 • 비와 비례식의 성질 이해 • 비례 배분을 알고 주어진 양을 비례 배분하기

　　위와 같은 경우는 학부모에게도 마찬가지이다. 6학년 아이들 중에 모르는 수학 문제를 부모님께 묻지 않는 아이들이 있다. 왜 그러냐고 물어보면 부모님이 수학 문제를 못 푼다는 것이다. 부모들도 실제로 고등학교까지 어려운 수학을 배웠지만 대학부터는 거의 수학과 담을 쌓고 살았기 때문에 6학년 수학 중에 어려운 문제를 들이밀면 실제로

당황해 못 푸는 경우가 많다. 이렇게 되면 부모의 권위와 체면이 말이 아니게 된다. 중고등학교쯤 가면 이런 일이 전혀 문제가 되지 않는다. 왜냐하면 자녀가 이미 컸기 때문에 부모님도 모르는 것이 있다는 것을 알고 이해하기 때문이다. 따라서 평소 자녀의 수학책을 좀 유심히 보고 익혀둘 필요가 있다.

하지만 이는 결코 부모의 위신을 세우기 위한 것이 아님을 알아야 한다. 학부모가 감당할 수 없다는 이유로 손을 놓게 되면 내 아이의 상황 파악도 요원해지기 때문이다. 중고등학교 수학의 발판이 되는 6학년 수학은 정말로 중요하다. 물론 많이 어려워진 것도 사실이지만 아직까지는 부모의 관심과 손길을 필요로 한다. 부모님이 수학 박사가 될 필요는 없다. 다만 내 아이에게 도움이 필요할 때 컨트롤해 줄 수 있을 만큼 학부모도 공부하고 노력해야 함을 강조하는 것이다.

앞의 내용 체계표로 볼 때는 내용이 별로 많지 않은 것 같은데 실제로는 내용이 많다. 사실 6차교육과정에서 7차교육과정으로 넘어올 때 6학년의 많은 내용이 중학교로 넘어갔다. 그만큼 어려웠기 때문이었는데 현행 7차도 6학년 수학은 어렵다. 학생들뿐만 아니라 학부모도 어려워하기는 마찬가지이다. 학부모들이 4학년 정도까지는 수학을 봐주다가 5학년 때부터 어려움을 느끼고 6학년 때에는 두 손을 드는 경우를 많이 볼 수 있다. 이 때부터는 학부모들 사이에 귀찮아서 과외를 시키는 것이 아니라 정말 몰라서 가르칠 수가 없어서 과외를 시킬 수밖에 없다는 절규가 흘러 나온다.

수와 연산

수와 연산 영역에서는 분수와 소수의 사칙연산으로 내용이 끝난다. 총 12개 단원 중 6개 단원에 걸쳐 나온다. 특별히 2학기에는 분수와 소수의 계산이 집중적으로 나온다. 분수와 소수 영역에서는 서로의 상관 관계를 잘 알아야 한다. 또한 분수의 다양한 개념(진분수, 가분수, 대분수, 기약분수)을 정확히 알고 있어야 문제 이해를 하는 데 도움이 된다. 이러한 개념부터 혼란스러우면 문제 풀이는 요원해진다. 그래도 수와 연산 영역은 학생들이 잘 따라오는 영역 중의 하나이다. 소수를 분수로 분수를 소수로 변환할 줄 알고 분수의 통분 등을 할 줄 알면 이 영역은 그렇게 어렵지 않게 지나갈 수 있다.

분수의 나눗셈 1학기 1단원, 2학기 1단원

분수의 나눗셈은 분수의 곱셈을 정확히 알고 있으면 아주 쉽게 지나갈 수 있는 내용이다. 아이들도 특별히 어려워하지 않는다. 왜냐하면 분수의 나눗셈이라고 하지만 계산을 하다 보면 다음과 같이 나누기를 곱하기로 바꾸어서 계산하기 때문이다.

$$\frac{3}{5} \div 9 = \frac{3}{5} \times \frac{1}{9} = \frac{3 \times 1}{5 \times 9} = \frac{3}{45}$$

분수의 나눗셈은 나누기를 곱하기로 바꿀 줄 알면 그 이후의 계산 과정이 분수의 곱셈과 같기 때문에 나눗셈임에도 불구하고 매우 쉽게 접근한다. 하지만 이 과정에서 나누기가 곱하기로 바뀌면 뒷수가 왜 역수로 바뀌는지 그 수학적 원리를 정확히 알고 있어야 하겠다.

문제) 다음 정삼각형의 넓이는 7㎠입니다. 이 삼각형을 세 조각으로 똑같이 나눈 것 중의 하나를 다시 2등분으로 나눈, 색칠한 부분의 넓이는 몇 ㎠인지 쓰시오. (   ) ㎠

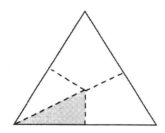

분수의 나눗셈 영역에서 단순한 연산 문제는 비교적 쉽다. 하지만 이 영역은 응용 문제가 얼마든지 나올 수 있는 영역이다. 위 문제도 이런 응용 문제 중의 하나이다. 따라서 이 영역은 분수의 나눗셈 연산 훈련과 더불어 서술형 응용 문제에 대한 대비가 필요하다.

2학기 때는 1학기에 배운 분수와 소수의 개념을 바탕으로 분수끼리 나눗셈을 배우게 된다. 이 단원은 아이들이 비교적 쉽게 넘어가는 단원 중의 하나이다. 나눗셈이라고는 하지만 곱하기로 고쳐서 푸는 경우가 대부분이기 때문에 아이들이 쉽게 느낀다. 내용은 진분수끼리 나눗셈, 가분수의 나눗셈, 대분수의 나눗셈 등 여러 가지 형태의 분수 나눗셈이 등장하지만 실제로 아래에서 소개되는 문제 정도만 해결하면 모든 나눗셈의 해결은 가능하다고 보여진다. 다만 이런 분수의 나눗셈을 응용해서 나오는 문제가 학생들을 괴롭히기 때문에 이에 대한 연습도 충분히 해야 한다.

문제) 다음 나눗셈을 하시오.

$$\frac{12}{11} \div 1\frac{6}{11} = \qquad\qquad 2\frac{8}{9} \div \frac{7}{6} =$$

소수의 나눗셈 1학기 3단원, 2학기 2단원

소수의 나눗셈은 일단 그 원리만 깨치면 쉽게 해결할 수 있는 단원이다. 나눗셈의 기초는 이미 3학년과 4학년 때 배웠기 때문에 그렇게 어렵지 않게 접근할 수 있다. 다만 3, 4학년 때는 자연수를 가지고 나눗셈을 했지만 6학년 때는 소수를 가지고 하는 것만 다른 것이다. 소수의 나눗셈이 어렵다기보다는 이것을 가지고 만든 다양한 응용 문제가 아이들의 발목을 잡곤 한다. 이러한 문제점은 다양한 문제 풀이로 극복이 가능하다.

문제1) ○ 안에 >, < 또는 = 를 알맞게 써 넣으시오.

$14.63 \div 7.7 \quad ○ \quad 106.5 \div 53.26$

문제2) 넓이가 32.88㎠이고, 밑변의 길이가 16.44cm인 삼각형의 높

이는 몇 ㎝입니까? (   )㎝

위 문제들 중 문제1은 소수의 나눗셈의 기본 영역에 속한 순수한 문제이고 2번은 소수의 나눗셈을 응용한 서술형 문장제이다. 이와 같이 소수의 나눗셈에서는 문제1처럼 단순하게 나눗셈만을 묻는 문제보다는 이를 응용한 문제가 많으니 이에 대한 대비책으로 다양한 문제를 접해 보는 것이 필요하다.

도형

도형 영역은 자체로 중요하다기보다는 이 부분에 대한 충분한 이해가 있어야만 측정 영역에서 잘할 수 있기 때문에 중요하다. 도형 영역에서 각기둥이 무엇인지를 모르고 측정 영역에 가서 각기둥의 겉넓이와 부피를 공부한다는 것은 어불성설이다. 도형 영역에서는 책으로만 공부할 것이 아니라 집에서 각기둥, 각뿔, 원기둥, 원뿔 등을 전개도로 그리고 충분히 만들어 보는 것이 좋다. 학교에서도 만들어 보기는 하지만 충분하지 않다. 6학년 아이들이 형식적 조작기에 들어섰다고는 하지만 아직 미흡하고 구체적인 조작을 해 보는 것이 이 도형들에 대한 이해도를 깊게 하는 방법이다. 또한 도형을 상위 개념에서 하위 개념으로 나눠 보는 것도 좋은 학습법이다. 예를 들어

도형, 입체 도형, 다면체, 각기둥, 삼각 기둥, 면, 선분, 점과 같은 식으로 초등학교에서 배운 내용을 나름대로 정리해 보는 습관을 들이면 도형 이해에 많은 도움이 될 수 있다.

또한 도형 영역에서 중요한 사실 한 가지는 중요한 개념은 영어 단어 외우듯이 외워야 한다는 사실이다. 예를 들어 학생들에게 각기둥에서 옆면이 무엇이냐고 질문하면 대부분 '옆에 있는 면'이라고 대답한다. 하지만 이것은 지극히 수학적이지 않은 대답이다. 수학책에 분명 '옆면은 밑면에 수직인 면'이라고 소개하고 있다. 이것을 암기하지 않고 있으면 옆면을 옆에 있는 면이라고 상식적인 이야기를 한다. 이러한 것들을 암기해 놓지 않으면 요즈음 수학 문제에서 '이유를 말해 보시오'라는 문제에 답하기 어려워진다. 또한 나중에 중학교 가서 더 어려운 도형 문제를 풀 때 수학적인 사고를 하는 데 방해가 된다.

각기둥과 각뿔 1학기 2단원

단원명에서도 알 수 있듯이 각기둥과 각뿔에 대해 집중적으로 배우게 된다. 5학년 때부터 입체 도형에 대해 배우기 시작하여 6학년 1학기에는 각기둥, 각뿔을 2학기에는 원기둥, 원뿔, 회전체 등을 배우게 된다.

각기둥과 각뿔에서 배우는 내용은 각기둥과 각뿔의 구성 요소 즉 밑면, 옆면, 높이, 꼭지점, 모서리 등에 대해 배우고 전개도에 대해서도 배운다. 크게 어려운 내용은 아니다. 다만 구성 요소와 관련한 영역은 암기를 하고 전개도와 관련한 부분은 다양한 전개도를 많이 그려 보고 직접 만들어 보는 작업을 충분히 한다면 재미있게 배울 수 있는 단원이다. 또한 이렇게 해서 정확히 개념 정리를 해 놓으면 후에 5단원에 나오는 육면체의 겉넓이도 쉽게 덤으로 구할 수 있는 장점이 있다.

문제) ☐ 안에 각기둥의 명칭을 적어 보시오.

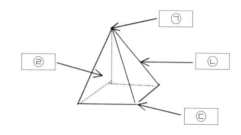

앞의 설명에서 지적했듯이 위 문제와 같이 각기둥이나 각뿔의 구성 요소와 개념을 정확히 알고 있는지를 묻는 문제는 단골 메뉴로 나온다. 특히 ㉠의 이름을 그냥 꼭지점이라고 답해서 틀리는 경우도 많다. '각뿔의 꼭지점'이라고 해야만 정답 처리된다. 도형 영역의 구성 요소에서는 무엇보다 정확하게 암기하고 있는 것이 중요하다.

공간과 입체 2학기 3단원

쌓기나무 단원은 초등학생들이 가장 좋아하는 단원 중의 하나이다. 왜냐하면 내용 자체가 어렵지 않고 일단 공부가 아닌 놀이 같은 느낌이 들기 때문이다. 실제로 단원 평가를 해 보아도 점수도 매우 좋게 나오는 단원이다. 특별히 문제 되는 것은 없다. 다만 집에서 쌓기나무로 쌓기놀이를 좀 해 볼 것을 권한다. 이것은 내용이 어려워서라기보다는 수학이 재미있다는 느낌을 주기 위해서이다. 실제로 6학년 수학은 머리로만 하는 영역이 많다. 하지만 쌓기나무만큼은 머리가 아닌 실제로 해 보게 함으로써 수학에 대한 흥미도를 높이는 기회가 된다.

내용은 매우 쉽다. 실제로 초등학교 6학년에 나오는 쌓기나무 문제를 초등 2, 3학년에게 풀라고 해도 어렵지 않게 해결한다. 그만큼 내용이 쉽다.

내용은 쌓기나무로 여러 가지 모양 만들기, 개수 알기, 규칙 알기와 쌓기나무를 위, 앞, 옆에서 본 모양 그리기 등이 있다.

원기둥, 원뿔, 구 2학기 6단원

1학기에 각기둥과 각뿔을 배운 데 이어 2학기에는 원기둥과 원뿔을 배우게 된다. 1학기 때와 마찬가지로 아이들이 대체로 쉽게 접근하는 내용이다. 원기둥과 원뿔의 구성 요소를 정확히 알고 전개도를 그리고 이 전개도를 이용하여 원기둥과 원뿔을 만들 줄 알면 된다. 여기에 더해 회전체라는 것을 배우게 되는데 회전체 자체는 어려운 개념이지만 초등학교에서 소개되는 회전체는 쉬운 수준으로 소개되기 때문에 그렇게 문제되지 않는다.

집에서 원기둥이나 원뿔을 전개도로 그려서 만들어 보는 것이 좋다. 학교에서도 하지만 시간이 부족하기 때문에 많은 활동을 못한다. 또한 이 단원이 정확히 이해되어야만 나중에 4단원에서 나오는 원과 원기둥의 겉넓이를 내는 내용도 이해하기 쉽다.

문제1) 원뿔에서 각 부분의 이름을 써 넣으시오.

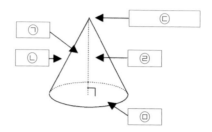

문제2) 그림은 구를 4가지 방향으로 자르는 것을 나타내고 있습니다. 그 단면의 크기가 가장 크게 되도록 자르는 것은 어느 것입니까?

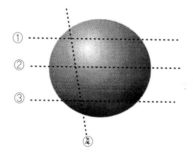

위에서 소개한 내용들은 대체적으로 학생들이 어렵지 않게 맞춘다. 문제2는 간단한 단면도를 이해하는 것인데 의외로 4번이라고 답

하는 아이들이 있다. 구를 자를 때 가장 크게 자르는 방법은 구의 중심을 지나가게 자르는 것이라는 사실을 모르는 학생은 이와 같은 실수를 저지르기 쉽다.

측정

측정 영역은 6학년 아이들이 규칙성 영역과 더불어 가장 어려워하는 영역 중의 하나이다. 이 영역은 앞에서도 언급했듯이 먼저 도형에 대한 정확한 이해가 된 후에 들어가야 한다. 원의 넓이 내는 방법은 알면서 원이 무엇인지를 모르는 학생들이 많다. 원주율 값이 3.14라고 알고 있으면서 원주율이 무엇인지를 모르는 학생들이 많다. 참 아이러니가 아닐 수 없다. 이런 학생들은 문제를 조금만 비틀어서 내면 풀지 못한다. 개념에 대한 정확한 이해만 있으면 이 영역은 연산 영역처럼 되어 버리기 때문에 흥미롭게 지나갈 수 있는 부분이므로 문제를 많이 풀려고 하기보다는 기본 개념에 대한 이해를 충분히 하고 있는지 확인하는 것이 필요하다.

직육면체의 겉넓이와 부피 1학기 4단원

이 단원에서 등장하는 직육면체의 겉넓이 부분은 학생들이 쉬워한다. 왜냐하면 이미 넓이라는 개념을 3학년 때부터 배워 왔고 실제로 다각형의 넓이 내는 작업들을 많이 해 왔기 때문이다. 또한 이미 각기둥 등을 통해서 직육면체의 전개도에 대해 이해하고 있기 때문에 전개도를 통해 사각형의 넓이들을 구하는 것은 그리 어려운 작업이 아니다.

하지만 부피 개념은 6학년에 처음 등장하기 때문에 생소해한다. 이 개념에서 세제곱센티미터(㎤)나 세제곱미터(㎥)의 개념에 대해서는 좀더 확실한 이해가 필요하다. 3학년 때 배웠던 들이의 개념과 연계시켜서 이해하는 것도 좋은 방법 중에 하나이다. 넓이의 단위가 ㎠이듯이 부피의 단위가 ㎤인 것을 연관해서 지도하는 것이 좋다.

6학년

문제1) 다음 직육면체의 겉넓이와 부피를 구하시오.

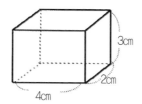

3cm
2cm
4cm

문제2) □ 안에 알맞은 수를 써넣으시오.
2.5L = ⬚ ㎤

문제1과 같은 경우는 가장 기본적인 문제이다. 전개도를 그릴 줄 알면 겉넓이는 쉽게 해결된다. 또한 부피를 구하는 공식을 알고 있으면 부피도 어렵지 않게 구할 수 있다. 하지만 부피 내는 공식은 철저한 이해가 우선되어야 한다. 문제2와 같은 부피와 들이 개념의 상호 관계를 묻는 문제나 단위를 서로 변환하는 문제도 가끔 볼 수 있다. 이런 것은 간단하므로 이해한 후 암기하면 쉽게 접근할 수 있다.

자료와 가능성

1학기에 소개되는 자료와 가능성 영역은 자료를 보고 각종 그래프 (그림 그래프, 띠 그래프, 원 그래프)로 나타내는 내용이다. 이 영역에서 학생들은 원 그래프를 어려워한다. 왜냐하면 원 그래프를 이해하려면 원주율, 원의 넓이 등이 이미 선행 학습으로 완전히 되어 있지 않으면 이해하기 어렵고 해결할 수 없기 때문이다.

여러 가지 그래프 1학기 5단원

비율 그래프를 쉽게 이해하기 위해서는 선행 학습으로 비와 비율에 대한 개념 이해가 필요하다. 비와 비율의 개념을 잘 모르면 이 단원에서 헤맨다. 내용은 매우 간단하다. 비율 그래프에서는 띠 그래프와 원 그래프 두 가지만 볼 줄 알고 그릴 줄 알면 된다. 예전에는 사각형 그래프 등 다양한 내용이 더 있었지만 내용이 많이 줄었다. 비율 그래프는 전체에 대한 각 부분의 비율을 띠로 나타내면 띠그래프, 원으로 나타내면 원 그래프가 되는 개념이므로 어렵지 않다. 하지만 아이들은 이 과정에서 %로 변환하는 부분을 어려워한다. 또한 원 그래프에서는 한 술 더 떠서 각 부분의 중심각을 구해야 하기 때문에 아이들이 가장 어려워하는 부분이다. 하지만 교과서 상에서는 이렇게까지 나오지 않고 원그래프를 그릴 수 있게 눈금이 그려서 나오기 때문에 생각보다 쉽다.

문제1) 진수네 반 학생들이 여행하고 싶은 나라를 조사하여 만든 띠 그래프입니다. 영국을 여행하고 싶은 학생의 비율은 몇 %입니까? (   ) %

여행하고 싶은 나라

문제2) 한별이네 반 학생들이 가장 좋아하는 과목을 조사하여 만든 원 그래프입니다. 한별이네 학생이 모두 40명이라면 수학을 좋아하는 학생은 몇 명입니까? (   ) 명

예전에는 많이 어려운 단원이었으나 어려운 내용이 많이 사라지면서 위와 같은 문제 정도가 시험에 많이 등장하고 있다. 문제1은 띠 그래프와 관련된 문제이고 문제2는 원 그래프와 관련된 문제이다. 특히 원 그래프 문제는 그리라는 문제가 가장 어려운 경우인데 외부 경시 대회 수준 정도 되어야 출제되는 추세이다.

규칙성

규칙성 영역은 6학년에서 가장 중요한 영역이라 할 수 있다. 왜냐하면 다른 영역들은 기존에 배워온 것 위에 조금 더 확장된 개념을 쌓는 것이지만 이 영역은 6학년 때부터 배우기 시작해서 중학교와 고등학교에 걸쳐 줄곧 배우는 내용이 되기 때문이다. 물론 5학년 때까지 조금씩 내용이 소개되기는 하지만 6학년부터 함수에 본격적으로 들여 놓는다고 할 수 있다. 이를 바탕으로 중학교에서 일이차 함수와 고등학교에 가서 유리 함수, 무리 함수, 역함수, 합성 함수 등을 배우기 때문에 함수의 기초 공사가 6학년 때 이루어진다고 할 수 있다. 다른 어떤 내용보다 놓쳐서는 안 되는 내용이다. 특히 기본 개념을 정확히 하지 않으면 중학교 가서 어렵다. 비와 비율, 비율과 비의 값, 비례식 등과 같이 비슷비슷한 말들이 많이 등장한다. 이런 용어들에 대해 정확하게 이해하고 있으면 중학교 가서도 함수를 공부하는 데 어려움을 겪지 않게 된다. 이렇게 혼란스러운 개념들은 영어 단어장 만들 듯이 수학 개념장을 만들어서 매일 한 번 정도씩 읽어 보는 것이 체득화하는 데 매우 도움이 된다. 종이에 자기가 꼭 알아야 하는 개념들을 뽑아서 기록한 후 시간 날 때마다 한 번씩 읽어 보다 보면 자신감이 붙는다.

비와 비율 1학기 4단원

6학년

내용은 그렇게 많지 않은데 아이들이 굉장히 혼란스러워하는 단원이다. 왜냐하면 비슷한 말들이 반복되어 나오기 때문이다. 비와 비율 그리고 비의 값 등 비슷비슷하게 들리는 말이 함께 사용된다. 이에 대한 명확한 개념이 서지 않으면 머릿속이 너무 복잡해진다.

소개되는 내용은 크게 비가 무엇인지, 비율은 무엇인지를 배우고 비율을 나타내는 여러 가지 방법 즉 백분율과 할푼리를 배우게 된다. 백분율과 할푼리의 개념은 일상 생활과 관련된 개념이기 때문에 비교적 쉽게 받아들인다. 하지만 비와 비율은 상당히 혼란스러워하는 경우가 있으므로 관심이 필요하다.

비례식과 비례 배분 2학기 4단원

비례식을 잘 익히면 다른 영역의 문제를 푸는 데 아주 많은 도움을 받을 수 있다. 따라서 철저하게 익힐 필요가 있다.

내용은 비례식의 개념과 비의 성질 두 가지가 소개된다. 특별히 비의 성질(전항과 후항에 같은 수를 곱하거나 나누어도 그 비의 값은 변하지 않는다)은 2학기에 연비의 성질을 배우는 기초가 되므로 잘 익혀 두어야 한다.

문제1) 빵 2개를 만드는 데에 달걀이 3개 필요합니다. 빵 4개를 만드는 데에는 달걀이 몇 개 필요할까요? (   ) 개

문제2) 맞물려 돌아가는 두 톱니바퀴가 있습니다. ㉮톱니바퀴가 2번 도는 동안 ㉯톱니바퀴는 3번 돕니다. ㉮톱니바퀴가 54번 도는 동안 ㉯톱니바퀴는 몇 번 돌게 됩니까? (   ) 번

만약 비례식을 모르면 간단해 보이는 문제1, 2와 같은 문제를 풀기가 어렵다. 천상 예상하여 풀기나 표를 그려서 풀어보는 방법밖에는 없다. 하지만 비례식을 알면 너무 쉽게 풀 수 있는 것이다.

6학년 수학 지도 포인트

수학 과목에 대한 호감도가 확연하게 나뉜다. 중고등학교 수학의 발판이 되는 시기이므로 매우 중요한 때이다. 감당하기 어려워하는 아이들을 위해 부모의 따뜻한 지도와 격려가 어느 때보다 절실하다. 부모가 지도하는 데에도 한계를 느끼게 되는 시기이지만, 절대로 100% 사교육에만 떠넘기지 않도록 주의한다. 수학책만이라도 유심히 보고 익혀둔다면 자녀의 상황을 판단할 수 있고 미흡한 점을 보완해줄 수 있다. 자녀에 대한 격려만큼이나 부모의 공부와 노력도 필요한 때이다.

1. 연산 훈련을 꾸준히 하자. 문제마다 다단계 연산 과정을 거쳐야 하기 때문에 기본 연산 실력이 빛을 발하는 때이기도 하다. 기본 연산 훈련이 잘 되어 있는 아이는 시간적으로 여유 있게 문제를 풀 수 있다.

2. 규칙성 영역의 기초 공사를 튼튼히 하자. 이 영역은 6학년에서 가장 중요한 영역으로, 6학년에 배우기 시작해서 중학교와 고등학교에 걸쳐 줄곧 배우게 된다. 그만큼 기본 개념을 정확히 이해하도록 지도한다.

3. 도형 영역은 측정 영역을 소화해내는 발판이 된다. 구체적 조작을 통한 이해와 중요 개념의 암기가 필수다.

4. 선행 학습은 능력에 따라 해야 한다. 6학년 아이들 중에는 중학교 수학의 선행 학습을 병행하는 경우가 종종 있다. 만약 6학년 수학도 버거워하는 아이에게는 오히려 독이 될 수 있음을 잊지 말자. 수학에 대한 혐오는 자신감을 떨어뜨리고 종국에는 수학과 담 쌓는 아이로 만들게 된다.

183쪽 문제1) ○○○ 문제2) 셋째, 넷째, 일곱째, 여덟째 184쪽 ⑤ 186쪽 문제1) 8-6=2, 8-2=6 문제2) 2 188쪽 문제1) 38, 4, 7 문제2) 3, 5, 35 문제3) 생략 191쪽 생략 193쪽 문제1) 1, 3, 2 문제2) ③ 194쪽 문제1) 생략 문제2) 3, 12 195쪽 문제1) ③ 202쪽 문제1) 7 문제2) ☆×4 문제3) (1) 4, 4, (2) 4, 4, 4, 16 204쪽 문제1) 4×5 문제2) 4×5 207쪽 5 209쪽 문제1) 딸기, 바나나, 체리, 사과 문제2) 딸기, 바나나 문제3) 4명 211쪽 문제1)◇ 문제2) 8 문제3) 9 220쪽 문제1) 234 문제2) 5, 4 227쪽 400-300=100, (400-300)+(400-300)=200, 400+400=800 228쪽 생략 235쪽 10000배 237쪽 문제1) $\frac{9}{11}$ 문제2) $4\frac{7}{9}$ 문제3) $14\frac{1}{9}$, $2\frac{6}{9}$ 238쪽 문제1) 37.06, 0.242 문제2) 0.237, 2370 문제3)1.84 241쪽 문제1) 1 문제2) 3 문제3) 100 242쪽 1)가 2) 다, 마 3) 나, 바 243쪽 1) 5분 2) 생략 245쪽 문제1) 35 문제2) 84 251쪽 문제1)95 문제2) 35 문제3) 예)60-10=50, 10×5=50, (150-60)-(10× 2)-20=50, (60-20)+10=50, (150÷ 50)+20=50, (60-20)+(5×2)=50 253쪽 문제1) ② 문제2) ② 254쪽 문제1) ⑤ 문제2) $1\frac{3}{4}$ 255쪽 문제1) 3 문제2) 48600 문제3) 2600 257쪽 문제1) 2.4L 문제2) 3237.5 259쪽 ⑤ 260쪽 문제1) ③ 문제2) ④ 262쪽 문제1) ㅅ ㅈ 문제2) ⑤ 문제3) 생략 265쪽 문제1) 84㎠

문제2) 8 266쪽 문제1) ① 문제2) ④ 275쪽 $\frac{5}{7}$ 276쪽 문제1) $\frac{1}{2}$, $2\frac{1}{12}$ 문제1) < 문제2) 4 279쪽 문제) 각뿔의 꼭지점, 모서리, 밑면, 옆면 281쪽 문제1) 옆면, 모서리, 원뿔의 꼭지점, 원뿔의 높이, 밑면 문제2) ② 283쪽 문제1) 52 ㎠ 24㎠ 문제2) 2500 285쪽 문제1) 20% 문제2) 12 288쪽 문제1) 6 문제2) 81

책읽는고양이

약간의 거리를 둔다
소노 아야코의 에세이. "좋아하는 일을 하든가, 지금 하는 일을 좋아하든가" "인생은 좋았고, 때로 나빴을 뿐이다" "자기다울 때 존엄하게 빛난다" 등등 정말 맞는 말이라 무릎을 치게 만드는 조언들, 어이없을 정도로 간단하지만 감히 뒤집어볼 엄두조차 내지 못했던 삶의 진리들이 가득하다. 객관적 행복을 좇느라 지친 영혼을 위로하는 책으로 '나' 자신을 속박해온 통념으로부터 벗어나 나답게 사는 삶으로 터닝할 수 있도록 이끌어준다. 9,900원.

타인은 나를 모른다
베스트셀러 《약간의 거리를 둔다》의 작가 소노 아야코가 전하는 '관계로부터 편안해지는 법'. 짧지만 함축적 언어로 인생의 묘미를 표현하는 소노 아야코식 글쓰기가 돋보이는 책으로, 타인과 나는 다르며, 또 절대 같아질 수 없음을 상기시킨다. 이를 통해 타인으로부터의 강요는 물론, 나의 생각을 받아들이지 못하는 상대로 인한 스트레스로부터 편안해지는 기본기를 다져준다. 9,900원.

좋은 사람이길 포기하면 편안해지지
소노 아야코 에세이. 사람으로부터 편안해지는 법. '좋은 사람' 이라는 틀 속에 갇혀 까딱하면 남들 눈에만 흡족한 껍데기로 살기 쉬운 현실 속에서, 타인의 평가에 휘둘리지 않고 굳건히 '나' 를 지켜내는 법과, 원망하지 않고 진정 편안한 관계로 가는 지혜를 전한다. 11,800원.

되찾은 시간
잃어버린 시간을 찾아서 시작한 독립서점 '프루스트의서재' 는 단순한 책방이기보다 '나다운 삶' 을 실현하는 공간이자 시간이다. 진정성 있는 삶을 찾는 이 책은 '나다움' 을 담보로 누리는 우리의 달콤한 풍요에 물음표를 던진다. 박성민 지음. 13,800원.

조그맣게 살 거야
미니멀리스트 진민영 에세이. 외형적 단순함을 넘어 내면까지 비우는 삶을 사는 미니멀 라이프 예찬론. 군더더기를 빼고 본질에 집중하는 삶을 통해 '성공이 아닌 성장', '평가받는 행복이 아닌 진짜 나의 행복' 으로 관점을 바꿔준다. 11,200원.

내향인입니다
홀로 최고의 시간을 보내는 내향인 이야기. 얕게는 내향성에 대한 소개부터 깊게는 사회가 만들어 놓은 많은 정형화된 '좋은 성격' 에 대한 여러 가지 회의적 의문을 제기한다. 진민영 지음. 11,800원.

아버지 가방에 들어가실 뻔
이 책은 파리를 100번도 더 가본 아트여행 기획자인 아들이 오랜 원망의 대상이었던 아버지와 함께 떠난 단 한 번의 파리 여행을 계기로, 아버지를 이해하게 되고 나아가 가족 내 상처 치유와 관계 회복은 물론, 20여 년간 일해온 여행업에서도 다시금 맥락을 잡아가는 기적과 같은 변화를 담고 있다. 김신 지음. 13,000원

Look at Yourself 단편소설에서 나 다운 삶을 찾다!

다자이 오사무 단편집

개를 키우는 이야기 / 여치 / 급히 고소합니다
다자이 오사무 지음, 김욱 옮김, 5,900원

갈매기 / 신화 / 수치 / 아버지 / 신랑
다자이 오사무 지음, 김욱 옮김, 7,900원

모파상 단편집

비곗덩어리
모파상 지음, 최내경 옮김, 5,900원

파리에서의 정사 / 쥘 삼촌 / 아버지 / 몽생미셸의 전설
모파상 지음, 최내경 옮김, 5,900원

얼리퍼플오키드 단편으로 만나는 초기 페미니즘

한 시간 사이에 일어난 일
최면 / 아내의 편지 / 라일락 / 데지레의 아기 / 바이유 너머
케이트 쇼팽 지음, 이리나 옮김, 7,900원

징구
로마의 열병 / 다른 두 사람 / 에이프릴 샤워
이디스 워튼 지음, 이리나 옮김, 9,900원

※루캣유어셀프는 계속 발간됩니다.

부모와 아이의 마음을 열어주는 자녀교육서

좋은 부모 되기 40일 프로젝트 송재환 / 256면 / 12000원
이 책은 현직 교사가 제안하는 가정교육 지침서로 자녀 교육의 마지막 찬스인 초등시절에 꼭 해야 할 40가지 부모 훈련을 담고 있다. 좋은 부모로 살아갈 내 삶에 대한 기대와 올곧게 성장할 우리 자녀에 대한 희망을 품게 할 것이다. 문화체육관광부 우수교양도서 선정

수학 100점 엄마가 만든다 개념원리편 송재환 / 252면 / 12000원
선생님이 말해주는 엄마표 수학 지도법. 수학 개념 원리에 대한 탄탄한 설명과 조작 활동 중심의 지도 노하우를 담고 있다. 중국·대만 번역 출간

100점 맞는 초등 수학 공부법 송재환·김충경·손정화 / 294면 / 15800원
선생님이 말해주는 엄마표 수학 지도법. 내 아이의 수준을 가늠할 수 있는 안목을 갖도록 초등 수학에 대한 전체적인 흐름을 제시해주고 구체적인 체크 포인트를 짚어준다.

초등공부 불변의 법칙 송재환 / 224면 / 12000원
초등 공부를 지배하는 21가지 숨은 원리를 담은 책. 공부는 무조건 열심히 하는 것이 아니라, '어떻게' 열심히 하는지가 중요하다. 공부를 어떻게 시켜야 할지 몰라 갈팡질팡하는 부모들에게 실용적인 공부비법을 전수한다. 중국·대만 번역 출간

5차원 부모 교육 혁명 원동연 / 158면 / 12500원
아이를 변화로 이끄는 힘은 '겸손과 믿음'. '너는 틀렸고, 나는 맞다' 라는 오만을 버릴 때 자녀의 마음을 읽을 수 있다. 부모에게는 사랑이었으나 아이에게는 비수가 되어 평생의 큰 트라우마로 남는 '사랑의 표현 방식'에 대해 깊이 있게 다루었다. 고도원의 아침편지 추천도서

나는 대한민국의 행복한 교사다 이영미 / 254면 / 13000원
교사가 먼저 바뀌어야 하는 까닭과 이 변화가 곧 교사와 학생 모두의 행복을 위한 시작임을 전한다. 교직에 회의를 품었던 한 교사가 25년 간의 시행착오 속에서 깨달은 진짜 소통의 의미. 유니텔연수원 원격교재 채택

공부의 즐거움을 맛보게 하라 이영미 / 212면 / 9800원
중고등학교 과학교사인 엄마가 늦둥이 둘째를 키운 노하우로 '진짜 내공 있는 아이'로 키우기 위한 조언을 담은 책이다. 학교생활과 공부법, 인성교육, 체험학습, 학부모 마음가짐 등으로 구성되어 있으며 효율적으로 아이의 잠재력을 키워줄 수 있다는 희망을 준다.